Starten
mit
Darten

Starten
mit
Darten

Das ultimative Darts-Handbuch für
Einsteiger und Hobbyspieler

Bibliografische Information der Deutschen Nationalbibliothek: Die
Deutsche Nationalbibliothek verzeichnet diese Publikation in der
Deutschen Nationalbibliografie; detaillierte bibliografische Daten
sind im Internet über dnb.dnb.de abrufbar.

Herstellung und Verlag: BoD – Books on Demand, Norderstedt
ISBN: 9783753446509
4. Auflage

Inhaltsverzeichnis

Einleitung

Der Dartsport erfreut sich international wachsender Beliebtheit. Immer mehr Hobby- und Amateurspieler sind in Mannschaften, Vereinen und Ligen aktiv. Ursprünglich als günstige, platzsparende, einfach zu handhabende und mit Federn stabilisierte Wurfwaffe konstruiert, wurden die kleinen Wurfgeschosse Ende des 19. Jahrhunderts zum Sportgerät, das heute weltweit voll im Trend liegt. Kein Wunder: Mann, Frau, Groß, Klein, Dick, Dünn, Jung oder Alt – Dart ist ein Sport für jedermann. Und ein Spiel, das sich gut mit einer geselligen Runde und dem einen oder anderen "Pint" in der Lieblingskneipe vereinbaren lässt.

Wenn auch Sie das Dartfieber gepackt hat und Sie mit dem Gedanken spielen, mit diesem Sport anzufangen, wird dieses Buch Ihnen als Anfänger den Einstieg erleichtern. Sie lernen Regeln, Grundlagen, Grundkenntnisse zur Technik und zum Material kennen und bekommen viele Tipps aus der Praxis für die Praxis. Damit sind Sie bestens gewappnet, um Ihren Einstieg in die Welt des Dartsports, Turniere und Ligabetrieb mit Spaß und Erfolg bewältigen zu können.

Warum Sie diesen Schritt unbedingt wagen sollten und was gerade Darts so besonders macht, dazu möchte ich einen Darter zu Wort kommen lassen, der aus eigener Erfahrung berichten kann, wie schnell es in diesem Sport gehen kann, Anschluss zu finden und durchaus nennenswerte Erfolge zu verbuchen.

Vorwort   *von Peter Ruffing*

Lieber (angehender) Darts-Freund!

Darts. Ein über 120 Jahre alter Sport überträgt gerade seine Faszination in jeden Winkel unseres Landes. Sicher, dieses Spiel begeisterte schon in den 80er und 90er Jahren Abertausende von Hobbywerfern, doch nach einem zwischenzeitlichen Tief hat es nun endgültig alle Altersklassen gepackt. Mittlerweile sieht man sogar Kinder, die neben Rentnern spielen, besser gesagt, die zusammen spielen. Es gibt keinen Sport, in dem das universelle Zusammengehörigkeitsgefühl so stark ausgeprägt ist. Im Prinzip könnte sich die Politik ein Beispiel am Dartsport nehmen: Er ist multikulturell, friedlich und wirklich jeder ist willkommen. Ich selbst habe vor gerade einmal 6 Jahren im mittleren Alter damit angefangen, Turniere zu besuchen und mich einer Mannschaft anzuschließen. Doch beim Darts wird niemand aufgrund seines Alters beurteilt, nur nach seiner Leistung.

Und das ist der zweite große Pluspunkt. Darts ist ein Sport, in dem du in einem relativ kurzen Zeitraum enorme Leistungssprünge erzielen kannst. Training natürlich vorausgesetzt. Mich selbst eingeschlossen habe ich neue Spieler erlebt, die schon nach einem Jahr im regionalen Bereich Erfolge vorweisen konnten und sich in der lokalen Szene einen Namen machten. Angefangen von guten Turnierergebnissen bis hin zu siegreichen Spielen gegen vermeintlich haushohe Favoriten. Gepaart mit einem gewissen Maß an Talent kann es für dich schnell nach oben gehen.

Für mich persönlich ein Alleinstellungsmerkmal: Du kannst beim Darts nichts vorhersehen. Bei anderen Sportarten ist häufig die Tagesform entscheidend. Auch beim Darts wird dies häufig erwähnt, aus meiner Sicht ist das jedoch nur eine großzügige Ausrede für schlechte Spiele. Ich habe immer schon behauptet, im Darts gibt es keine Tagesform. Es gibt noch nicht mal Matchform, es gibt lediglich Legform. Möglicherweise noch nicht mal das! Wie sonst ist es zu erklären, dass du beispielsweise nach einem 30-Darter einen 15-Darter wirfst? Wie sonst ist es zu erklären, dass dir eine 180 gelingt – und anschließend wirfst du die fast schon obligatorische 26? Das macht diesen Sport so überaus faszinierend und durchweg spannend. Du darfst *niemals* ein Dartsmatch aufgeben – es kann wirklich *alles* noch passieren! Zudem wirst du an sportlich-psychische Grenzen geführt, generierst aber gleichzeitig immer einen wertvollen Erfahrungsschatz für deine nächste Partie.

Ich habe in meinen 6 Jahren unzählige Bekanntschaften gemacht, wurde immer integriert und habe bei fast allen Dartern eine Art Hingabe und eine regelrechte Besessenheit von diesem einmaligen Sport erlebt. Egal ob es Spieler der ersten Stunde oder Dartsnovizen waren: Alle waren infiziert.

Es wird immer Leute geben, die beim Thema Darts über eine Profikarriere sinnieren. Natürlich benötigst du hierzu ein überdurchschnittliches Maß an Talent, darüber braucht man nicht zu diskutieren, aber eines haben Profi- und Hobbyspieler gemeinsam: Man kann den Erfolg nicht erzwingen. Aber im Gegensatz zu einer Vielzahl anderer Sportarten ist dir keine Frist gesetzt. Selbst einige der weltbesten Profis kamen erst im fortgeschrittenen Alter zu Ruhm und Ehre. Also versuche gelassen zu bleiben, du hast *so viel Zeit* zur Ausübung dieses Sports!

Und so möchte ich dieses Vorwort mit einem augenzwinkernden Hinweis beenden. Darts ist der einzige Sport, bei dem ein

Hobbyspieler einen Weltmeister schlagen kann. Ich rede natürlich über eine kurze Distanz, sagen wir 1 Leg. Jeder Hobbyspieler wird irgendwann ein Shortleg spielen, also ein Leg zwischen 9 und 18 Darts beenden. Das reicht auch gegen einen Profi. Dies ist in Einzelsportarten wie Tennis, Tischtennis, Badminton etc. undenkbar. Denk mal darüber nach...

Ich hoffe, dich mit diesen Worten in deiner Lust und Motivation zu diesem großartigen Spiel bestärkt zu haben. Und wenn du auch bei Sonnenschein gerne mal zu Hause bleibst, dann besorge dir ein Dartboard. Völlig egal ob Steel- oder Softdart. Versuche es einfach mal. Nebenbei belastet es nicht großartig deinen Geldbeutel, du bist nicht auf Wetterbedingungen oder Uhrzeiten angewiesen und Langeweile wird auf ewig ein Fremdwort für dich sein.

„Good Darts!"

wünscht dir

Peter Ruffing,
September 2020

Abb.: 9-Darter, geworfen von Peter Ruffing bei den
3. "Soccerworld Darts Open" 2018 in Steinfurt

<u>Zur Person:</u>

Peters "Starten mit Darten" begann 2014 mit seinem ersten Besuch bei einem lokalen E-Dart-Turnier. 2020 gewann er den NRW Landesmeistertitel beim Steeldart in seiner Altersklasse. Dazwischen erreichte er Top 3 Platzierungen bei deutschen und nordrhein-westfälischen Pokalwettbewerben und Meisterschaften. Mit der Landesauswahl holte er 2017 die deutsche Meisterschaft und warf 2018 bei einem großen Turnier einen 9-Darter. Im regionalen Bereich brachte er es in diesen 6 Jahren auf stattliche 150 Turniersiege.

13

Verschiedene Dart-Arten

Grundsätzlich gibt es zwei Arten des Dartens: Das traditionelle Steeldart, bei dem mit Metallspitzen auf weiche Dartscheiben gespielt wird und das Elektronik-Dart oder einfach E-Dart, bei dem Dartpfeile mit Kunststoffspitzen auf elektronische Automaten geworfen werden. Die meisten hochwertigen Steeldartscheiben sind heutzutage in der Regel aus Sisal, einer pflanzlichen Faser, gefertigt. Dieses Material hat sich ausgezeichnet bewährt und ist verglichen mit vielen billigeren Varianten recht langlebig.

Während die großen, medienwirksamen Profiturniere nahezu ausschließlich als Steeldartturniere gespielt werden, haben sich in der Gastronomie in Deutschland überwiegend die Dartautomaten durchgesetzt. Erstens, weil durch die Automaten attraktive Zusatzeinnahmen generiert werden können, zweitens aber sicherlich auch, weil viele Gaststättenbetreiber doch irgendwie ein besseres Gefühl dabei haben, wenn ihre Gäste nicht unbedingt mit Stahlspitzen in der Gegend herumwerfen. Schließlich konsumieren Dartspieler – gerade Hobby- und Gelegenheitsspieler – gern auch das eine oder andere Bierchen während des Spiels. Grundsätzlich unterscheidet sich das Spiel auf Steel- und E-Dartscheiben kaum voneinander. Ein wesentlicher Unterschied liegt in den verwendeten Dartpfeilen. Während sich im Steeldart vorrangig schwere Dartpfeile mit einem Gewicht von meist 20 bis 26 Gramm etabliert haben, sind beim E-Dart in der Regel nur Pfeilgewichte bis maximal 21 Gramm erlaubt, auch und insbesondere, um die Elektronik der Geräte nicht zu beschädigen. Ein weiterer Unterschied ist die Regel, dass beim Steeldart die Pfeile in der Scheibe stecken bleiben müssen, um gezählt zu werden. Sie müssen dabei nicht unbedingt richtig in der Scheibe stecken, die Spitze des Pfeils muss aber mindestens Kontakt mit der Scheibe haben, bis der Spieler seine Darts aus der Scheibe entfernt.

14

Andernfalls zählt der Pfeil keine Punkte. Ein vom Draht abprallender und auf den Boden fallender Dart, ein sogenannter "Bouncer" zählt also nichts. Im Gegensatz dazu registriert ein E-Dartgerät den Anschlag auf der Elektronik des Automaten und wertet den Pfeil auch dann, wenn er nach dem Anschlag heraus- bzw. herunterfällt.

Letzten Endes gibt es noch Steeldartscheiben mit integrierter Elektronik, so dass Sie Ihre Punkte nicht selbst ausrechnen müssen. Auf diese Art von Geräten werden Sie aber in der Praxis bislang verhältnismäßig selten (falls überhaupt) treffen, daher werden wir hier nicht näher darauf eingehen. In Gaststätten werden Sie wie gesagt häufiger auf E-Dartautomaten stoßen, während Sie, sofern Sie eine Karriere als Profi anstreben, um das Spiel auf Steeldartboards nicht herumkommen werden.

Das Dartboard und die Punktezählung
Die Dartscheibe, auch Dartboard oder einfach Board genannt, ist in zwanzig gleichgroße Segmente unterteilt, ähnlich wie ein in Stücke geschnittener Kuchen. Die Segmente stehen für unterschiedliche Punktwerte zwischen 1 und 20, die am äußeren Rand der Segmente stehen. Jeder Dart erzielt die Punktzahl, die dem Feld, in dem er gelandet ist, zugeordnet ist. In der Mitte der Scheibe befindet sich außerdem ein kleines Kreissegment innerhalb eines etwas größeren, das sogenannte Bull und Double Bull (auch Bullseye genannt). In normalen Spielen ist der Punktwert des Bull 25, der des Double Bull entsprechend 50. Die Zahlensegmente sind von zwei Ringen durchzogen, einem äußeren und einem inneren. Der äußere Ring ist der sogenannte Double-Ring, der innere der Triple-Ring. Treffen Sie einen dieser Ringe, wird die Punktzahl des Segmentes entsprechend verzwei- oder verdreifacht. Ein Treffer in die Double-18 zählt also 36

Punkte, ein Treffer in die Triple-5 bringt 15 Zähler ein. Wir stellen also fest: Nicht die Mitte der Scheibe bringt die meisten Punkte, sondern die dreifache 20. Der höchste mögliche Wurf mit drei Darts beträgt somit 180 Punkte.

Abb.: Aufteilung der Dartscheibe

Die Standardfarben der Felder beim Steeldart sind schwarz, weiß, grün und rot, beim E-Dart meist blau und rot, können aber auch abweichend sein.

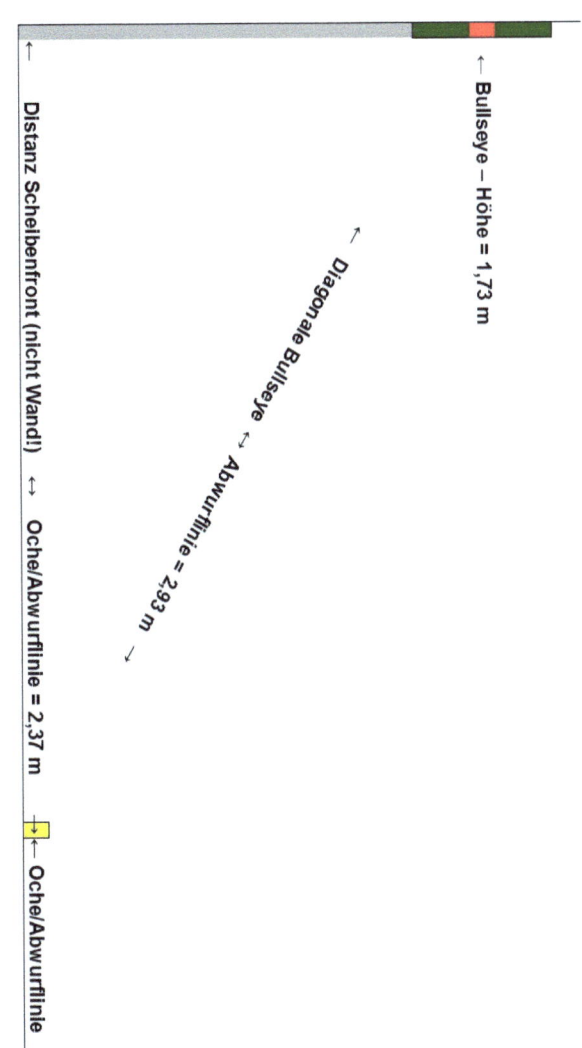

Abb.: Abmessungen beim Dartspiel

17

Grundregeln und Abmessungen

Die allgemeinen Regeln des Dartens sind leicht zu verstehen. Die Spieler werfen ihre Darts auf die gerade beschriebene Scheibe. Pro Wurfrunde haben sie dabei drei Darts zur Verfügung. Theoretisch dürfen sie auch auf einen Wurf verzichten. Das macht aber grundsätzlich nur in Teamspielen einen Sinn, in denen es von taktischer Bedeutung sein kann. Wir werden an passender Stelle noch einmal darauf zurückkommen. Seit 2016 sind die Abmessungen für die Höhe der Scheibe und den Abstand zwischen Scheibe und Abwurflinie beim Steel- und E-Dart einheitlich geregelt. Bis einschließlich 2015 mussten E-Dartspieler ein paar Zentimeter weiter hinten starten.

Die Höhe des Boards wird dabei am Bullseye gemessen. Dieses muss sich 1,73 m über dem Boden befinden. Die Abwurflinie ist 2,37 m vom Board entfernt. Wichtig: Entscheidend ist die Entfernung vom vorderen Rand des Boards, nicht von der Wand. Ein Steeldartboard kann, je nach Ausführung, schon einmal 3 oder 4 cm dick sein. Wenn Sie das nicht berücksichtigen und den Abstand von der Wand ausgehend messen, wird Ihre Abwurflinie zu nah an der Scheibe sein und das wäre irregulär. Zu Hause wird Ihnen das niemand verbieten, aber Sie üben dann eventuell unter falschen Voraussetzungen und wundern sich später vielleicht, warum Ihre Darts anderswo als zu Hause immer zu tief landen.

Wenn Scheibe und Abwurflinie korrekt angebracht sind, ergibt sich eine Distanz von 2,93 m für die Diagonale vom Bullseye zur Abwurflinie auf dem Boden. So kann die korrekte Positionierung noch einmal überprüft werden.

Die wichtigsten Spiele

Die X01-Spiele

X01-Spiele sind das Standard-Dartspiel überhaupt. So wird alljährlich auch der Dart-Weltmeister im Spiel 501 Double Out ermittelt. Es ist sozusagen die Königsdisziplin des Dartsports. Das Prinzip ist sehr einfach: Je nach Spielmodus beginnen die Spieler meist mit 301, 501, 701 oder 1001 Punkten. Wer zuerst seinen Punktzähler auf Null bringt, gewinnt das Spiel. Dabei gilt das Spiel mit einem Anfangszähler von 501 Punkten als Standard. Manchmal, besonders in Anfängerligen und -turnieren wird gern auch einmal 301 gespielt.

Wichtig: Um zu gewinnen, müssen Sie Ihr Punktekonto auf exakt Null bringen, ansonsten zählt Ihre aktuelle Runde als überworfen und Ihr Punktekonto wird auf den Stand davor zurückgesetzt.

Beispiel: Nehmen wir an, Sie haben noch 40 Punkte. Mit Ihrem ersten Dart treffen Sie die 20, mit dem zweiten die Double-20, in der Summe also 60 Punkte. Das war dann eindeutig zuviel des Guten. Da Sie mit Ihrem zweiten Dart Ihren Score überworfen haben, zählt Ihre Aufnahme "no score". Ihr Punktekonto bleibt also bei 40 stehen und Sie müssen es in der nächsten Runde erneut versuchen.

Wie bei den meisten Dartspielen ist es ein Vorteil, die erste Aufnahme zu haben, also das Spiel beginnen zu dürfen. Werfen beide Spieler immer die gleichen Punkte, gewinnt also notwendigerweise immer Spieler 1. Deshalb wird bei Wettkampfspielen in der Regel "gebullt", soll heißen: Beide Spieler werfen je einen Dart auf das Bull, wessen Dart näher dran ist, beginnt das erste Spiel oder wie es beim Darten heißt, das erste

Leg. Sind beide gleich weit entfernt oder treffen beide das Single- oder beide das Double-Bull, wird diese Prozedur solange wiederholt, bis eine Entscheidung gefallen ist. Die nachfolgenden Legs und Sets werden dann abwechselnd begonnen. Verliert ein Spieler ein Leg, das er beginnen durfte, nennt man dies ein Break.

In Liga- und Turnierspielen werden die Spiele zumeist nach dem Modus Best-of-Three, Best-of-Five oder mehr ausgetragen. Im Modus Best-of-Three hat also demnach der Spieler gewonnen, der zuerst zwei Legs gewonnen hat, im Modus Best-of-Five müssen Sie als Erster drei Legs gewinnen, um als Sieger festzustehen und so weiter.

Bei wichtigen Turnieren können auch mehrere Sets (Gewinnsätze) in einem dieser Modi gespielt werden, so zum Beispiel drei Gewinnsätze à Best-of-Three. Auch kann eine Regel Verwendung finden, die im Allgemeinen als "Two clear Legs" bezeichnet wird. Wenn diese Regel greift, benötigt der Sieger zwei Legs Vorsprung vor seinem Gegner, um das Spiel zu gewinnen. Sie kennen das vielleicht vom Tennis. Und ähnlich dem Tennis gibt es dann auch einen festgelegten Spielstand, bei dem diese Regel ausgesetzt wird und nur noch ein letztes Leg über Sieg und Niederlage entscheidet. Dieses Leg wird im Allgemeinen dann als "Sudden-Death-Leg" bezeichnet. Hier anfangen zu dürfen ist natürlich ein Riesenvorteil. Und hier kann es sich auch entsprechend maximal auszahlen, beim anfänglichen Bullen die Nase vorn gehabt zu haben.

Check-Modi
Den letzten Dart zum Spiel- bzw. Leg-Gewinn passend ins Ziel zu bringen, nenn man "checken". Man kann auch einfach von ausmachen sprechen. Dabei gibt es verschiedene Modi, je nach

Liga- oder Turnierreglement: Single Out, Double Out und Master Out.

Single Out bedeutet, dass Sie mit einem einfachen Treffer checken können. Haben Sie also 19 Punkte übrig, können Sie mit einer einfachen 19 das Spiel beenden. Dieser Modus wird in der Regel in der untersten Liga gespielt und des Öfteren auch bei Anfänger- und Hobbyturnieren.

Im Modus Double Out benötigen Sie zwingend ein Doppelfeld mit dem letzten Dart. Ihr letzter Pfeil muss also zwangsläufig im äußeren Ring stecken oder im Double Bull. Einen Rest von sechs Punkten dürfen Sie also nicht einfach mit einer Single-6 ausmachen, andernfalls gilt Ihre Runde als überworfen und Sie landen wieder auf der Punktzahl, die Sie vorher hatten. Dasselbe gilt, wenn Sie auf einem Restscore von eins landen. Denn die Eins wäre in diesem Modus weder checkbar, noch könnten Sie sich auf eine andere Zahl umstellen, sie ist also eine Sackgasse. Auch dann zählt Ihr Wurf als überworfen. Vorsicht ist besonders geboten, je kleiner Ihre Punktzahl wird. Wenn Sie nach Abschluss Ihrer Runde zum Beispiel drei Punkte übrig haben, müssen Sie sich beim nächsten Versuch erst einmal wieder ein Finish "stellen", das sich mit einem Doppelfeld ausmachen lässt. In diesem Falle müssten Sie also zunächst einmal die Eins treffen, um danach überhaupt checken zu können. Besonders für Anfänger kann das schon ganz schön deprimierend sein, wenn sich die Eins dann einfach nicht mehr treffen lassen will. Man kann sich viele Runden damit aufhalten, mit dem ersten Dart immer wieder die 20 oder 18 zu treffen, wenn man ausgerechnet mal die Eins braucht - die ungewollt immer viel zu oft kommt, aber ziemlich vernagelt erscheinen kann, wenn man sie denn einmal braucht. Außerdem: Je kleiner Ihr Rest, desto weniger Wege und Möglichkeiten bleiben

Ihnen. Treffen Sie bei einem Rest von 32 die einfache 16 statt der doppelten, können Sie Ihr Glück mit dem nächsten Dart auf Double-8 versuchen. Treffen Sie dabei die einfache 8, haben Sie die nächste Chance auf der Double-4. Wenn Sie jedoch bei Rest zwei die Eins treffen, haben Sie schon überworfen und Ihr Gegner bekommt seine nächste Chance. Sie haben also keinen wirklichen Plan B. Neulinge können gerade beim Checken in der Anfangszeit ganz schön verzweifeln, gerade, wenn beide sich einen Rest von zwei Punkten gestellt haben. Am besten checken Sie also möglichst früh, um nicht in eine Zwangslage zu kommen. Wir werden uns dieser Thematik noch in unserem Kapitel über das Checken ausführlicher annehmen.

Ab einer gewissen Spielklasse wird praktisch nur noch Double Out gespielt. Es ist, wie bereits erwähnt, der Checkmodus, in dem auch der Weltmeister ermittelt wird. Auch bei Steeldartturnieren ist es meist der bevorzugte Modus, während im E-Dart Amateurbereich viele Turniere auch im sogenannten Master Out Modus gespielt werden. Das maximale Finish im Double-Modus ist 170, da Sie ja zwingend ein Doppelfeld zum Abschluss benötigen, und das Doppelfeld, das die meisten Punkte bringt, eben das Double Bull ist.

Master Out ist liga- und turniertechnisch betrachtet sozusagen das Spiel der Mittelklasse. Hier dürfen Sie sowohl mit einem Doppel- als auch mit einem Dreifachfeld das Spiel beenden. Theoretisch können Sie also sogar einen 180er Check "ans Board nageln". Ansonsten gilt auch hier: Landen Sie auf einem Rest von 1, gilt die Runde als überworfen. Im Gegensatz zum Double Out haben Sie hier allerdings wesentlich mehr Wege zum Check, so können Sie 60 Punkte mit einem Dart ausmachen, was beim Double Out mindestens zwei Pfeile erfordern würde. Es kann sich manchmal als ganz nützlich erweisen, mit nur einem verbliebenen Dart in der Hand und einem Rest von zum Beispiel 57 Punkten noch eine Checkoption zur Verfügung zu haben.

Checkparameter der einzelnen Spieloptionen (301/501)
(S./M./D.O. = Single/Master/Double Out)

	Minimum Darts zum Spielgewinn	kleinste checkbare Zahl	größte checkbare Zahl
301 S. O.	**6**	**1**	**180**
301 M. O.	6	2	180
301 D. O.	**6**	**2**	**170**
501 S. O.	9	1	180
501 M. O.	**9**	**2**	**180**
501 D. O.	9	2	170

Besondere Modi: Double In, Handicap-Spiele

Eine zusätzliche Option, die gewählt werden kann, ist das sogenannte Double In. Bei dieser Option muss zu Beginn des Spiels von jedem Spieler zunächst ein Double-Feld getroffen werden. Erst mit diesem Treffer beginnt dann die Punktezählung. Wenn es ganz blöd läuft und sich das Double einfach nicht einstellen will, kann es – zumindest theoretisch – also auch vorkommen, dass ein Spieler schon checkt, während sein Gegner noch volle 501 Punkte auf dem Konto hat. Zum Glück kommt dies nur selten vor, dafür kostet diese Blamage den Verlierer dann aber meistens auch ein Bier. Auf Turnieren sind Double-In-Spiele eher weniger üblich. Sie gelten aber als gutes Trainingsspiel, um die eigenen Fähigkeiten, auch und gerade im Hinblick auf das Checken, zu stärken.

In letzter Zeit und mit dem Aufkommen moderner, onlinefähiger Dartautomaten gewinnen Handicapspiele zunehmend an Bedeutung. Dabei bekommt der nominell schwächere Spieler einen Vorsprung. Bei einem normalen Handicapspiel beginnt der schwächere Spieler beispielsweise mit 435 Punkten, während sein favorisierter Gegner die volle Distanz von 501 Punkten gehen muss. Wieviel Vorsprung der Außenseiter bekommt, hängt von der Relation der Spielstärke der Kontrahenten ab und wird direkt vom Automaten berechnet. Im einem anderen Handicapmodus beginnt der schwächere Spieler mit 501 Punkten, während sein Gegner Zusatzpunkte aufgebrummt bekommt und vielleicht bei 609 Punkten oder dergleichen starten muss. Der Grundgedanke dabei ist, die Spiele chancengleicher und spannender zu gestalten, wenn Spieler unterschiedlicher Leistungsniveaus gegeneinander antreten. Zugegebenermaßen kann sich nicht jeder für Handicapturniere begeistern, für mehr Ausgeglichenheit und Motivation im Training sind diese Modi aber eine Alternative, wenn das Leistungsniveau der Spielpartner relativ weit auseinanderliegt.

Aber Handicapspiele lassen sich auch auf andere Weise absolvieren. Viele ältere Automaten unterstützen nichtsynchrone Spiele, lassen es also zu, für Spieler Eins beispielsweise 501 Double Out einzustellen, während Spieler Zwei zum Beispiel 301 Master Out spielt. Für das Training mit deutlich stärkeren oder schwächeren Mitspielern kann auch das eine Option darstellen.

Bei Steeldart-Trainingsspielen können Sie sowieso alle Optionen frei mit Ihrem Trainingspartner vereinbaren.

X01Teamspiele

Teamspiele sind in aller Regel Doppelspiele. Bei vielen Automaten existiert auch die Möglichkeit, Viererteams einzustellen, da dies aber höchst selten der Fall sein wird, widmen wir uns hier ausschließlich dem klassischen Doppel. Dabei wird ein ganz normales Spiel gespielt, zum Beispiel 301 oder 501 mit oder ohne zusätzliche Optionen. Spieler 1 und 3 bilden Team Eins, Spieler 2 und 4 Team Zwei. Im Grunde gilt: Checkt ein Spieler, hat sein Team gewonnen. Allerdings gibt es beim Teamspiel eine zusätzliche Bedingung: Das Gewinnerteam darf in der Summe der Restpunkte nicht in Rückstand liegen.

Ein Beispiel zur Veranschaulichung:

Team 1:
| Spieler 1 | 8 | Punkte Rest |
| Spieler 3 | 125 | Punkte Rest |

Team 2:
| Spieler 2 | 64 | Punkte Rest |
| Spieler 4 | 41 | Punkte Rest |

In dieser Situation wäre Spieler 1 der Check verwehrt, man spricht hier vom "Block". Der Grund dafür ist einfach zu verstehen: Team Zwei hat in der Summe noch einen Rest von 105 Punkten. Wenn nun Spieler 1 checken dürfte, würde sein Team gewinnen, obwohl es noch mehr Restpunkte hat als der Gegner und eben das ist verboten. Checkt Spieler 1 nun trotzdem, wird die Runde als überworfen gewertet und sein Score wieder auf 8 zurückgesetzt. Am simpelsten ist diese Regel zu merken, wenn man sich einfach einprägt: Sie dürfen nicht checken, wenn Ihr Teampartner noch mehr Punkte Rest hat als das gegnerische Team zusammen. Spieler 3 dürfte also in dieser Situation maximal 105 Punkte haben, um seinen Partner nicht in den Block zu stellen. Allerdings dürfte Spieler 3, sofern er bei diesem Spielstand am Zuge ist, durchaus selbst checken. Oder mit einem hohen Wurf seinerseits den Gegner in die unkomfortable Situation bringen, im Block zu stehen.

Hier ist also durchaus auch Taktik gefragt – es kann im Teamspiel daher manchmal sinnvoll sein, auf einen Check-Versuch mit hohem Risiko zu verzichten, stattdessen lieber einen Block zu stellen und seinem Mitspieler eine Chance zu verschaffen. Bleiben wir einmal bei der oben beschriebenen Spielsituation und nehmen wir an, Spieler 3 sei am Zug. Nehmen wir weiter an, er trifft mit dem ersten Pfeil die dreifache 19, mit dem zweiten die dreifache 20. Ihm blieben also noch 8 Punkte Rest. Wenn er mit dem dritten Pfeil überwirft, bekommen gleich beide Gegner die Chance, das Spiel für ihr Team zu entscheiden, denn Spieler 1 wird bei seinem nächsten Versuch weiterhin geblockt sein (und möglicherweise auch für den Rest des Spiels). Bei einem eher vorsichtigen Versuch auf die Double-4, der lieber außerhalb der Scheibe landet als beispielsweise in der Double-18, stünde der Gegner im Block und Spieler 1 bekäme in jedem Fall eine Checkgelegenheit. Man sollte sich also überlegen, wieviel Risiko man in einer solchen Situation gehen will. Deshalb kann es an dieser Stelle, wie schon einmal kurz am Anfang dieses Buches erwähnt, gelegentlich sogar sinnvoll sein, auf den letzten Dart zu verzichten und den Checkversuch lieber auf die nächste Runde zu verlegen, um ganz auf Nummer sicher zu gehen. Auch ist dies dann sinnvoll, wenn der an der Reihe befindliche Spieler ohnehin nur noch 2 Punkte

Rest hat und im Block steht. In diesem Falle kann er seine Situation sowieso nicht verändern. So kann es vorkommen, dass ein Spieler gleich mehrere Runden komplett aussetzt, wenn sein Partner weit zurückhängt und nicht imstande ist, die Blocksituation aufzuheben.

Für die Chemie untereinander schadet es übrigens nicht, sich im Zweifelsfall mit seinem Teampartner darüber einig zu sein, welches Vorgehen gewählt wird, um weder als Feigling noch als Egoist in die Geschichte des Dartsports einzugehen. Solche Absprachen und taktisches Vorgehen beim Doppelspiel sind auch keine Unsportlichkeit, sondern beim Teamgame absolut legitim.

Bei einigen Turnieren – oder auch im Training – kann, zum Beispiel aus Kostengründen, an Dartautomaten auch die Regelung getroffen werden "Team auf einem Score". Es wird dann ein ganz normales Zwei-Spieler-Spiel gestartet, bei dem jedoch die Teammitglieder der Teams rundenweise abwechselnd auf einem gemeinsamen Score spielen. Insbesondere lassen sich so auch Spiele mit beispielsweise drei Spielern pro Team spielen, was Dartautomaten normalerweise überhaupt nicht vorsehen. Eine Steeldartscheibe macht Ihnen ohnehin keine Vorschriften. Blocks gibt es in dieser Variante dann selbstverständlich keine.

Cricket
Die Spieler starten mit einem Score von null Punkten. Beim Cricket werden nur die Felder von 15 an aufwärts bespielt, die Felder von 14 abwärts zählen nichts. Ziel ist es, auf den Zahlen 15 bis 20 und Bull jeweils drei Treffer zu erzielen, Doppel- und Dreifachtreffer werden auch als solche gezählt. Zusätzlich erhalten die Spieler Punkte für jeden zusätzlichen Treffer, also beispielsweise bei einem vierten Treffer auf der 17 entsprechend

17 Punkte. Aber: Gepunktet werden kann nur auf Feldern, die mindestens ein Gegner noch nicht "geschlossen" hat, also nur auf Zahlen, auf denen noch nicht alle Spieler die drei Pflichttreffer erzielt haben. Hat/haben also Ihr/Ihre Gegner beispielsweise die 15 bereits drei mal getroffen, so können Sie dort keine weiteren Punkte sammeln. Es wird so lange gespielt, bis ein Spieler alle Felder erledigt hat und gleichzeitig nach Punkten vorn liegt. Bei elektronischen Dartautomaten ist dieses Spiel in der Regel auf eine voreingestellte Rundenzahl begrenzt. Wenn diese erreicht ist, wird der Spieler mit der höchsten Punktzahl zum Sieger erklärt. Es ist ein sehr gutes Trainingsspiel und wird auch auf Turnieren gelegentlich als Nebenevent gespielt. Leider sind elektronische Dartautomaten häufig (nicht immer) so eingestellt, dass dieses Spiel teurer, meist doppelt so teuer ist, wie etwa ein 501-Spiel. Außer dem Cricket-Spiel gibt es noch noch weitere ähnlich geartete Spiele, die nach dem gleichen Muster ablaufen, aber je nach Variante mit zufällig oder von den Spielern selbst bestimmten Zahlen anstatt der 15 bis 20.

Auch beim Cricket-Spiel gibt es mögliche Zusatz-Optionen. Durchaus gängig sind die Varianten "No-Score", "Cut-Throat" und "Master". In der No-Score-Variante fällt die Gelegenheit, Punkte zu sammeln, komplett weg. Sieger ist, wer zuerst alle Zielfelder drei mal getroffen hat. Deshalb beginnen in dieser Variante viele Spieler nicht damit, auf die 20 zu werfen, sondern auf Bull. Denn die Fehlwürfe auf Bull können einem hier den einen oder anderen unbeabsichtigten 18er, 20er oder 16er Wurf einbringen, den Sie sich dann später sparen können.

In der Master-Variante können Sie zwar Punkte sammeln, jedoch ausschließlich mit dem Pfeil, mit dem Sie Ihren dritten Treffer auf einem Segment erzielen. Sie müssen also den vierten oder fünften

Treffer gleichzeitig mit Ihren dritten machen, können also nur mit einem Doppel- oder Dreifachtreffer punkten, daher auch der Name Master-Cricket. Erst wenn ein Spieler alle Pflichtfelder drei mal getroffen hat und nach Punkten noch zurückliegt, darf er mit Double- und Triple-Treffern auf noch nicht geschlossene Felder versuchen, die noch rückständigen Punkte zum Sieg aufzuholen.

Die Option "Cut-Throat" bietet sich vor allem dann an, wenn mehr als zwei Spieler beteiligt sind. Hier werden keine Pluspunkte gesammelt, sondern ab dem vierten Treffer Minuspunkte an diejenigen Mitspieler verteilt, die die entsprechende Zahl noch nicht voll haben. Bei zwei Spielern macht es keinen Unterschied, ob Sie mit Plus- oder Minuspunkten spielen, sondern erst ab mindestens drei Teilnehmern. Nehmen wir einmal an, es spielen vier Personen und nur eine davon hat die 20 noch nicht dreimal getroffen. Im einfachen Cricket könnten Sie nun Pluspunkte gegenüber allen anderen Mitspielern sammeln, indem Sie die 20 erneut treffen. Bei der Option Cut-Throat verändert sich Ihr Score gegenüber denjenigen, die die 20 ebenfalls erledigt haben, nicht – lediglich der Leidtragende, dem dies noch nicht gelungen ist, bekommt Minuspunkte aufgebrummt. Das hat natürlich Konsequenzen für die Spieltaktik.

Nicht verschwiegen werden soll, dass die Cut-Throat-Variante Grundlage für eine weitere Spielvariante des Cricket ist, das sogenannte "Schweinecricket". Warum das Spiel seinen Namen zurecht trägt, erläutern wir aber erst später im Kapitel "Gimmicks", da es sich in der Regel mehr um ein Trink- als um ein Trainingsspiel handelt. Deshalb sollten Sie es ohnehin lieber zum Ausklang eines Dartabends spielen als zu Beginn – denn die Zielgenauigkeit könnte in der Folge rapide abnehmen. Und für den Verlierer kann es manchmal auch teuer werden.

Shanghai

Shanghai ist ein ausgezeichnetes Trainingsspiel. Zu Beginn des Spiels haben die Spieler null Punkte. Es werden sieben Runden gespielt, wobei die Zahlen vorgegeben sind, beginnend mit der Eins. Sobald Sie die vorgegebene Zahl getroffen haben, schreiten Sie weiter zur nächsten, also zur Zwei, danach zur Drei und so weiter. Die Punkte, die auf den Pflichtzahlen erzielt werden, addieren sich auf Ihrem Punktekonto. Dabei werden Double- und Triple-Treffer auch als solche gerechnet. Theoretisch können Sie also innerhalb von 7 Runden x 3 Darts = 21 Felder abarbeiten, so dass Sie im besten Fall nach der 20 sogar noch auf das Bull werfen würden. Am Ende gewinnt der Spieler, der die meisten Punkte erzielt hat. Es sei denn: Ein Spieler trifft in einer Runde alle drei vorgegebenen Zahlen und davon eine einfach, eine doppelt und eine dreifach – das nennt man dann "Shanghai". Der Spieler, dem das gelingt, hat sofort gewonnen. Das gibt der Sache natürlich einen gewissen Kick, denn so lässt sich ein praktisch hoffnungslos erscheinender Rückstand selbst in der letzten Runde noch wettmachen.

Wenn Sie allerdings mit mehreren Spielern an einem Kneipenautomaten spielen und beispielsweise Spieler Eins ein solcher Wurf in der ersten Runde gelingt, haben nicht nur alle anderen Spieler das Nachsehen – ihr Münzgeld ist dann futsch, ohne dass sie einen einzigen Dart werfen durften. Es kann also von maximalem Vorteil sein, ein Shanghai-Spiel als Spieler Eins bestreiten zu dürfen.

Split-Score

Split-Score ist ebenfalls ein hervorragendes Trainingsspiel und zudem kurzweilig, da es oftmals bis zur letzten Runde spannend bleibt. Gespielt werden neun Runden, beginnend mit einer Runde auf die Zahl 15. Danach wird eine Runde lang auf die 16 gespielt, darauf folgt eine Runde auf den Double-Ring, wobei das zu treffende Zahlensegment egal ist. Weiter geht es mit 17, 18, Triple (egal welches), 19, 20 und zuletzt Bull.

Die Spieler starten mit einem Punktekonto von 40 Punkten. In jeder Runde werfen die Spieler auf das vorgegebene Feld, die auf diesem Feld eingesammelten Punkte werden zum Score des jeweiligen Spielers hinzugezählt. Erzielt ein Spieler in einer Runde keinen gültigen Treffer, wird seine Punktzahl halbiert.

Beispiel:
Spieler Eins wirft in der ersten Runde: 10, Double-15 und Triple-15. Der erste Dart zählt also nichts, die auf dem 15er Segment eingesammelten 75 Punkte werden zu seinen Startpunkten hinzuaddiert, damit lautet sein Punktestand nach Runde Eins 40 + 75 = 115. Spieler Zwei wirft alle Darts in die 10, seine Punktzahl wird halbiert. Er hat also nur noch 20 Punkte auf dem Konto.

Spannend: Wenn beispielsweise nach der vorletzten Runde der Spielstand 400 : 176 lautet, sieht dies zunächst sehr deutlich aus. Verfehlt aber Spieler Eins in der letzten Runde das Bull, reduziert sich seine Punktzahl auf nur noch 200, während Spieler Zwei mit einem einzigen Treffer auf 201 kommen kann. Wer also hoch punktet, kann bei diesem Spiel auch tief fallen. Den Satz: "Mist, ein Bull hätte gereicht", werden Sie bei diesem Spiel wohl häufiger hören. Und wir merken: Auch Dart ist kein Spiel der Konjunktive. Immerhin, Spieler Zwei hat in diesem Spiel keinen Nachteil, es kann sogar ein mentaler Vorteil sein, nicht jede Runde vorlegen zu müssen, sondern schon zu wissen, was der Gegner geworfen hat.

High-Score / Low-Score

High-Score ist von seinen Regeln her wahrscheinlich das einfachste aller Dartspiele überhaupt. Gespielt werden in aller Regel sieben Runden. Sieger ist derjenige Spieler, der am Ende die meisten Punkte erzielt hat. In der Variante Low-Score wird ebenfalls sieben Runden lang geworfen, Sieger ist, wie Sie sich sicherlich schon dachten, der Spieler mit den wenigsten Punkten. Wer nun allerdings meint, mit Würfen neben die Scheibe leicht gewinnen zu können, dem sei dieser Zahn gleich gezogen: Für "Fahrkarten" gibt es in dieser Variante ordentlich Strafpunkte. Für beide Spiele gilt: Es macht keinen Unterschied, ob Sie Spieler Eins, Zwei oder Fünf sind – es gibt hier keine Vor- und Nachteile.

Average und PPD

Der Drei-Dart-Average, oft einfach Average genannt, ist das durchschnittliche Punkteergebnis pro Aufnahme, also pro Werfrunde in X01-Spielen. Wenn Sie also einen Average von 60 haben, bedeutet das, dass Sie im Schnitt 20 Punkte je geworfenem Dart erzielt haben. Manchmal wird auch über den PPD eines Darters gesprochen, dabei geht es grundsätzlich um dasselbe, allerdings bedeutet PPD Punkte pro Dart. Ihr PPD im obigen Beispiel wäre demnach 20. Teilen Sie den Average also durch drei, erhalten Sie Ihren PPD. Ein Average von 81 entspräche einem PPD von 27, ein Average von 45 einem 15er PPD. So einfach ist das. Der Average bzw. PPD ist eine Messzahl für die Spielstärke eines Darters. Wenn Ihnen also jemand erzählt, er hätte normalerweise einen Average von über 100, so können Sie davon ausgehen, dass derjenige entweder ein Profi ist oder ein Schaumschläger. Spätestens an der Scheibe werden Sie das herausfinden. Lassen Sie sich von solchen Angaben nicht verrückt machen, manche Darter erwähnen gerne ihre Spiele, die sie mit einem 80er Average gewonnen haben, leiden aber teilweise an unerklärlicher Demenz bezüglich der Spiele, in denen sie mit einem Average von 30 ganz fürchterlich eins auf die Nuss bekommen haben. Für Sie selbst ist der Average (oder PPD) ein guter Messwert, um Ihre Fortschritte nachvollziehen zu können. Daher sollten Sie ruhig ein wenig darauf achten. Um bei den gerade genannten Zahlen zu bleiben, werden Sie mit einem 30er Average selbst auf kleinen Turnieren eher zum Kanonenfutter gehören, mit einem 80er jedoch lässt sich schon so mancher Pokal mit nach Hause nehmen. Um Ihnen die Sache ein wenig leichter und komfortabler zu machen, habe ich für Sie einmal sowohl den Average als auch den PPD für 301- und 501-Spiele ausgerechnet, so dass Sie direkt aus der Tabelle ersehen können, wie Ihre Aktien im Hinblick auf diese Kennzahlen stehen. Die Tabelle beginnt mit dem schnellstmöglichen Finish. Sollten Sie Ihr Spiel in der Tabelle nicht wiederfinden, weil Sie mehr Darts benötigt haben, als in der Tabelle berücksichtigt wurden – macht nichts, das wird schon. Vergessen Sie einfach, dieses Spiel je gemacht zu haben. Und erzählen Sie besser auch niemandem davon.

Average-Kennzahlen im Spiel 301

	Darts	Average	PPD
Runde 2	6	150,50	50,17
Runde 3	**7**	**129,00**	**43,00**
	8	112,88	37,63
	9	**100,33**	**33,44**
Runde 4	10	90,30	30,10
	11	**82,09**	**27,36**
	12	75,25	25,08

33

Runde 5	**13**	**69,46**	**23,15**
	14	64,50	21,50
	15	**60,20**	**20,07**
Runde 6	16	56,44	18,81
	17	**53,12**	**17,71**
	18	50,17	16,72
Runde 7	**19**	**47,53**	**15,84**
	20	45,15	15,05
	21	**43,00**	**14,33**
Runde 8	22	41,05	13,68
	23	**39,26**	**13,09**
	24	37,63	12,54
Runde 9	**25**	**36,12**	**12,04**
	26	34,73	11,58
	27	**33,44**	**11,15**
Runde 10	28	32,25	10,75
	29	**31,14**	**10,38**
	30	30,10	10,03
Runde 11	**31**	**29,13**	**9,71**
	32	28,22	9,41
	33	**27,36**	**9,12**
Runde 12	34	26,56	8,85
	35	**25,80**	**8,60**
	36	25,08	8,36

Average-Kennzahlen im Spiel 501

	Darts	Average	PPD
Runde 3	**9**	**167,00**	**55,67**
Runde 4	10	150,30	50,10
	11	**136,64**	**45,55**
	12	125,25	41,75
Runde 5	**13**	**115,62**	**38,54**
	14	107,36	35,79
	15	**100,20**	**33,40**
Runde 6	16	93,94	31,31
	17	**88,41**	**29,47**
	18	83,50	27,83
Runde 7	**19**	**79,11**	**26,37**
	20	75,15	25,05
	21	**71,57**	**23,86**
Runde 8	22	68,32	22,77
	23	**65,35**	**21,78**
	24	62,63	20,88
Runde 9	**25**	**60,12**	**20,04**
	26	57,81	19,27
	27	**55,67**	**18,56**
Runde 10	28	53,68	17,89
	29	**51,83**	**17,28**
	30	50,10	16,70

Runde 11	**31**	**48,48**	**16,16**
	32	46,97	15,66
	33	**45,55**	**15,18**
Runde 12	34	44,21	14,74
	35	**42,94**	**14,31**
	36	41,75	13,92
Runde 13	**37**	**40,62**	**13,54**
	38	39,55	13,18
	39	**38,54**	**12,85**
Runde 14	40	37,58	12,53
	41	**36,66**	**12,22**
	42	35,79	11,93
Runde 15	**43**	**34,95**	**11,65**
	44	34,16	11,39
	45	**33,40**	**11,13**

Darts und Dart-Equipment
Für Dartequipment kann man viel Geld ausgeben, man muss aber nicht. Was ist sinnvoll, was nicht? Vor dieser Frage stehen Dart-Anfänger sehr häufig. Wenn auch Sie sich diese Frage stellen, wird es Ihnen helfen, wenn wir der Sache einmal auf den Grund gehen. Dazu ist es hilfreich, sich zunächst einmal vor Augen zu führen, was es alles gibt und welche Eigenschaften vorrangig wichtig sind, damit Sie eine eigene Vorstellung davon entwickeln können, wo Sie Ihre Prioritäten setzen wollen. Sie werden feststellen, dass es nicht zwangsläufig große Investitionen erfordert, um mit dem Darten zu beginnen.

Übrigens: Im Fachhandel bekommen Sie alle Bauteile auch einzeln. Es liegt also ganz an Ihnen, ob Sie sich für ein komplettes Dartset entscheiden, oder sich selbst eines ganz individuell aus Einzelteilen zusammenstellen. Ihr Geschmack entscheidet.

Aufbau und Teile eines Dartpfeils
Schauen wir uns einmal die Einzelteile eines Dartpfeils von vorn nach hinten an.

Points/Tips
Bei originären Steeldarts sind Spitze und Barrel in der Regel ein einziges Teil. Bei E-Darts hingegen sind die Spitzen selbstverständlich immer austauschbar und als Verbrauchsmaterial anzusehen.

Die Spitze selbst hat natürlich äußerst wenig Einfluss auf den Flug eines Dartpfeils. Daher ist dieses Detail – insbesondere für E-Darter – nicht von übermäßiger Wichtigkeit. E-Darter sollten darum am ehesten darauf achten, sich möglichst bruchsichere Spitzen zuzulegen, da eine gute Qualität bei den Soft-Tips Ihnen das häufige Wechseln der Spitzen erspart und damit auf Dauer auch günstiger kommt als Billigspitzen, die nach 3 Würfen bereits den Dienst quittieren. Softdart-Spitzen werden in der Regel in 50er, 100er und größeren Packungseinheiten angeboten. Einfache Spitzen bekommen Sie normalerweise für 2 bis 3 Euro im 100er Pack, für haltbarere Spitzen, die Sie oft an einer Verdickung im Verlauf erkennen können, sind meist 4 bis 5 Euro pro hundert Stück fällig. Damit kommen Sie aber auch eine ganze Zeit aus.

Beim Steeldart können die Spitzen übrigens tatsächlich von Bedeutung sein, diverse Spieler spielen daher gern mit geriffelten Spitzen. Die Riffelung wirkt nach Eintritt des Darts in die Scheibe wie Widerhaken und soll dafür sorgen, dass ein Pfeil, der nicht optimal fest in der Scheibe sitzt, nicht so leicht wieder herausfällt und damit keinen Score erzielt. Für E-Darter ist das nicht von Bedeutung. Es nervt zwar, wenn die Darts keinen Halt in der Scheibe finden und ständig vom Boden aufgehoben werden müssen, es kann aber auch ein (unfreiwilliger) Vorteil sein, denn der Dart, der nach einem Treffer in der Triple-20 wieder herausfällt, belegt eben keinen Platz mehr in diesem Segment und lässt mehr Freiraum für den nächsten. Wir erinnern uns: Beim E-Dart werden die Darts, die der Automat registriert hat auch gewertet, wenn Sie danach auf dem Fußboden landen.

Wenn Sie gern Ihre E-Darts auch für Steeldart-Turniere verwenden möchten, ist das kein Problem. Auch wenn gute Steeldartboards durchaus mit Softspitzen bespielt werden können, sollten Sie sich für den Turnierbetrieb Metall-Schraubspitzen für Ihre Pfeile besorgen. Auch die Gefahr eines Bouncers verringert sich dadurch immens. Für 2 – 5 Euro können Sie so Ihre E-Darts für Steeldart-Boards fit machen.

Barrel

Das Barrel ist der vordere Teil des Darts zwischen Spitze und Schaft, bei Steeldarts gehört die Spitze in aller Regel direkt mit zum Barrel. Es ist der Bestandteil, der maßgeblich über das Gewicht des Dartpfeils entscheidet. Welches Gewicht für Sie das richtige ist, können letztlich nur Sie nach Gefühl und Erfahrung selbst entscheiden. Dafür sollten Sie verschiedene Gewichte ausprobieren und herausfinden, was Ihnen am besten in der Hand liegt. Grundsätzlich wird beim Steeldart mit schwereren Pfeilen geworfen als beim E-Dart, wo ohnehin nur Gewichte bis zumeist 20 Gramm zugelassen werden. Für einen Steeldarter sind aber höhere Gewichte die häufigere Wahl. Die Masse der Spieler entscheidet sich hier für 24 oder 26 Gramm Darts, beim E-Dart ist die Mehrheit mit 16 bis 18 Gramm unterwegs. Wenn Sie jedoch beim Steeldart mit leichteren Darts werfen möchten, ist das absolut erlaubt. Der Steeldart-Profi Stephen Bunting macht´s vor: Der Engländer spielt mit zwölf Gramm leichten Darts. Bei der Wahl des Barrels sollten Sie darauf achten, dass es Ihnen sicher und angenehm in der Hand liegt und Sie es gut greifen können.

Exkurs: Tungsten

Wo wir gerade bei den Barrels sind, kommen wir bei dieser Gelegenheit zu einer häufig gestellten Frage: Brauche ich Tungsten-Darts? Und was zur Hölle ist das überhaupt? Meistens kommen diese Fragen in genau dieser Reihenfolge, was eigentlich schon verkehrt ist. Tungsten wird immer wieder erwähnt, vor allem in der Werbung oder in Fernsehübertragungen von Profiturnieren. Tungsten ist nichts anderes als das englische Wort für Wolfram. Sie kennen es vielleicht noch als das Material, aus dem die Glühfäden alter Glühbirnen bestanden haben. Wolfram ist ein sehr schweres Metall. In Glühbirnen wurde es verwendet, weil es sehr temperaturbeständig und langlebig ist, selbst wenn man es so erhitzt, dass es glüht. Im Dart erfreut es sich in erster Linie aufgrund seines hohen Gewichtes so großer Beliebtheit. Das Gewicht von Wolfram ist nahezu identisch mit dem von Gold, weshalb es auch bei Goldfälschern sehr beliebt ist, aber das ist eine andere Geschichte. Wenn Sie also für sich entschieden haben, am liebsten mit 26-Gramm-Darts zu werfen, dann fällt die Tungsten-Variante schlanker aus als eine gleichschwere Ausführung in Messing. Und genau darin liegt der Haupt-Vorteil: Drei schlanke Darts passen eben einfach besser nebeneinander in ein Triple-Feld als drei sehr sperrige Barrels. Da kann es schon mal passieren, dass Ihr Wurf zwar eigentlich perfekt passte, aber leider einfach nicht mehr genug Platz da war, bzw. der letzte (oder schon der zweite) Dart von einem bereits in der Triple-20 steckenden Pfeil nach irgendwohin abprallt, zum Beispiel in die einfache 20 oder die Triple-1. Das ist dann natürlich schade um die wohlverdienten Punkte, die damit futsch sind. Deshalb ist das Material unter Profis sehr beliebt. Es ist aber auch relativ teuer, denn viele Dartspieler sind durchaus bereit, zwischen 50 und 100 Euro für ein solches Set Darts auszugeben. Für den Anfang – insbesondere, wenn Sie sich erst einmal ausprobieren wollen – brauchen Sie solche Hochleistungsgeschosse zunächst jedoch nicht. Sie können sie sich immernoch zulegen, wenn Sie feststellen sollten, dass Ihnen die Triple-Felder zu klein werden. Mittlerweile finden Sie bereits bei Discountern ein bis zwei Mal im Jahr Dartpfeile für deutlich unter zehn Euro. Um sich auszuprobieren, reichen diese völlig aus. Und mit einem hohen Tungsten-Anteil fliegt ein Dart auch nicht genauer, als der Spieler ihn geworfen hat. Auch wenn Sie öfters mal Darter die Schuld für Fehlwürfe auf die Darts schieben hören: An den Pfeilen liegt es meistens nicht, wenn ein Wurf in die Hose geht. Es sei denn, das Gewicht oder die Form liegen einem wirklich so gar nicht. Am Preis werden Sie aber am Wenigsten erkennen, ob Ihnen ein Dart liegt.

Sie müssen sich also nicht schlecht fühlen, wenn Sie mit 4-Euro-Pfeilen gegen einen Spieler mit 70-Euro-Tungsten-Darts antreten. In der Regel entscheiden Talent und Übung über Sieg und Niederlage. Und das ist ohnehin – unbezahlbar.

Shaft

Der Shaft oder zu deutsch Schaft ist der hintere Teil des Dartpfeils, der sich zwischen dem Barrel und dem Flight befindet. Am vorderen Ende des Shafts befindet sich ein Gewinde, mit dem der Shaft in das Barrel eingedreht wird, am hinteren Ende ist er (außer bei einigen Sonderformen) viergeteilt, hier wird der Flight auf den Shaft gesteckt. Shafts sind in verschiedenen Längen erhältlich. Dabei können die Schäfte aus unterschiedlichen Materialien gefertigt sein. Für welche Ausführung Sie sich entscheiden, liegt zum einen an Ihrem individuellen Geschmack und ist andererseits abhängig davon, ob Sie mit Steel- oder Soft-Darts spielen.

Einfache Kunststoff-Schäfte

Sie sind sehr leicht und billig, brechen aber gern einmal am viergeteilten Ende ab, besonders, wenn Sie mit Steeldarts spielen und – was häufiger vorkommt – mit dem aktuellen Wurf das hintere Ende eines bereits im Board steckenden Darts treffen. Deswegen muss diese Ausführung – aufgrund der relativ kurzen Lebensdauer des Materials – als Verbrauchsmaterial betrachtet werden. Gerade für Steeldarter sind diese ganz leichten Ausführungen eher keine Option. Fallen Darts aus der Scheibe, können diese Schäfte auch durchaus einmal direkt hinter dem Gewinde abbrechen, je nach Aufprallwinkel, Barrelgewicht und Bodenhärte. In einem solchen Fall müssen Sie das abgebrochene Gewinde aus dem Barrel herausdrehen, indem Sie es mit einem speziellen Werkzeug oder zum Beispiel einem kleinen Taschenmesser fixieren und das Barrel

41

drehen. Wer seine Schäfte nicht regelmäßig auswechseln und nachkaufen möchte, wird eher auf diese Ausführung verzichten.

Aluminium-Schäfte

Aluschäfte sind selbstredend belastbarer als die Plastikvariante, aber auch hier können die beschriebenen Brüche auftreten, allerdings weniger häufig. Dafür haben diese Schäfte drei andere Nachteile. Wenn der Schaft hinter dem Gewinde abbricht, benötigen Sie schon etwas Fingerspitzengefühl, um den abgebrochenen Teil aus dem Barrel herauszubekommen. Zweitens verformen sich die Schäfte, wenn sie häufig auf den Boden fallen. Rollen Sie einen Dartpfeil mit einem verformten Schaft über eine ebene Fläche, können Sie recht deutlich das "Eiern" erkennen. Und drittens kann der Aufprall des hinteren Endes des Flights auf dem Boden dieses Ende derart verformen, dass es schwierig wird, den Flight noch aufstecken zu können. Das Problem müssen Sie dann sprichwörtlich wieder geradebiegen.

Keramikbeschichtete Aluminiumschäfte

Die Keramikbeschichtung schränkt die Verformung des Materials sehr stark ein, so dass die Schäfte kaum verbiegen und auch im hinteren Bereich die Aufnahme für den Flight gegenüber Fallschäden sehr resistent ist. Ein Dreierset dieser Schäfte ist in aller Regel schon deutlich unter fünf Euro erhältlich und erspart Ihnen viel Bastelei. Ich selbst habe mich vor etlichen Jahren für diese Ausführung entschieden und kann sie jedem empfehlen, dem die Haltbarkeit und Zuverlässigkeit seiner Schäfte am Herzen liegen.

Stabile Nylonschäfte

Hochwertige, gut verarbeitete Nylonschäfte verbinden ebenfalls Stabilität und Formfestigkeit und erfüllen damit den Anspruch guter

Haltbarkeit. Die meisten Spieler, die mit hochwertigen Nylon-Schäften spielen, verwenden am hinteren Schaftende sogenannte Kronen oder Federringe, um das viergeteilte Ende nach Einlegen des Flights zusammenzudrücken und so den Flight zu fixieren, damit dieser nicht beim Zusammenprall mit im Board steckenden Darts (oder bereits auf dem Weg dorthin) herausfällt. Insgesamt erfreuen sich diese Schäfte bei vielen Spielern großer Beliebtheit.

Misch- und Sonderformen
Natürlich gibt es auch Mischformen und ganz andere Lösungen, beispielsweise Nylon-Alu-Kombinationen oder Schäfte aus Polycarbonat. Einige Schäfte verfügen über eine drehbare Flightaufnahme oder eine solche, die quasi als einzelnes Bauteil – ein sogenanntes Top – mit einem Schraubgewinde in den Schaft eingelassen ist und den Flight durch das Festdrehen im Schaft einklemmt. Schauen Sie sich einfach um und probieren Sie aus, was für Sie am handlichsten ist und Ihnen am meisten Spaß macht. Im Fachgeschäft wird man Ihnen auch solche Lösungen gern vorführen. Dass die Wahl des Schafts über Sieg und Niederlage am Board entscheidet, ist höchst unwahrscheinlich. Wesentlich eher entscheidet die richtige Wahl darüber, wie oft Sie ihr Material austauschen und nachkaufen müssen. Daher sollten Sie sich auf gute Haltbarkeit und Belastbarkeit des Materials fokussieren. Aber da Dart im Wesentlichen Kopfsache ist, kann natürlich auch der Glaube daran, mit einem drehbaren oder pinken Schaft besser zu treffen, hilfreich sein, auch wenn es sich dabei wohl eher um einen Placebo-Effekt handelt.

Flight
Der Flight ist das hinterste Bauteil Ihres Darts und wird auf das hintere Ende des Shafts aufgesteckt. Er ist wesentlich dafür verantwortlich, dass der Dart während des Fluges zur Scheibe

eine stabile Bahn beschreibt. Die gängigste Form des Flights wird als Standard bezeichnet. Dabei handelt es sich um eine abgerundete, sechseckige Form. Sogenannte Slim-Flights folgen ebenfalls dieser Form, sind aber, wie der Name schon verrät, schmaler angelegt und wirken dadurch länglich. Die Form "Kite" hat zwei Ecken bzw. Rundungen weniger und ist dadurch von hinten nach vorn spitz zulaufend. Die Formbezeichnung "Pear" beschreibt einen Flight, dessen Grundfläche am besten mit tropfen- oder footballförmig bezeichnet werden kann. Abgesehen davon gibt es noch exotische Sonderformen und sicherlich ist der Erfindungsgeist der Zubehörhersteller noch lange nicht erschöpft. Für welche Form Sie sich entscheiden, ist überwiegend Ihrem persönlichen Geschmack überlassen. Da ein 3er-Set Flights weniger als zwei Euro kostet, können Sie auch hier ruhig einmal etwas ausprobieren. Dass die Wahl der Form Ihr Trefferergebnis tatsächlich signifikant ändert, sollten Sie allerdings nicht erwarten. Je schwerer und länger jedoch Ihr Dartpfeil ist, umso besser werden Sie mit normalen Standard-Flights zurechtkommen, da kleinere oder schmalere Ausführungen dem Dart ab einem bestimmten Gewicht möglicherweise nicht genügend Stabilität verleihen. Größere Unterschiede können Sie hingegen bezüglich der Lebensdauer des Materials erwarten. Zumeist wird bei Flights die Stärke in Micron angegeben. Je höher die Zahl, umso stärker und belastbarer ist das Material. Die gängigste Variante hier dürften 100-Micron-Flights sein, die absolut eine gute Haltbarkeit aufweisen. Gerade Anfänger begeistern sich bei den Flights für extravagante Motive und Designs, die man zuhauf im Handel finden kann. Vom Hanfblatt über die Nationalflagge bis hin zum Pin-Up-Girl auf dem Flight haben Sie von schlicht über cool bis völlig gaga die freie Auswahl. Bezüglich der Haltbarkeit ist allerdings anzumerken: Je puristischer der Flight, umso haltbarer

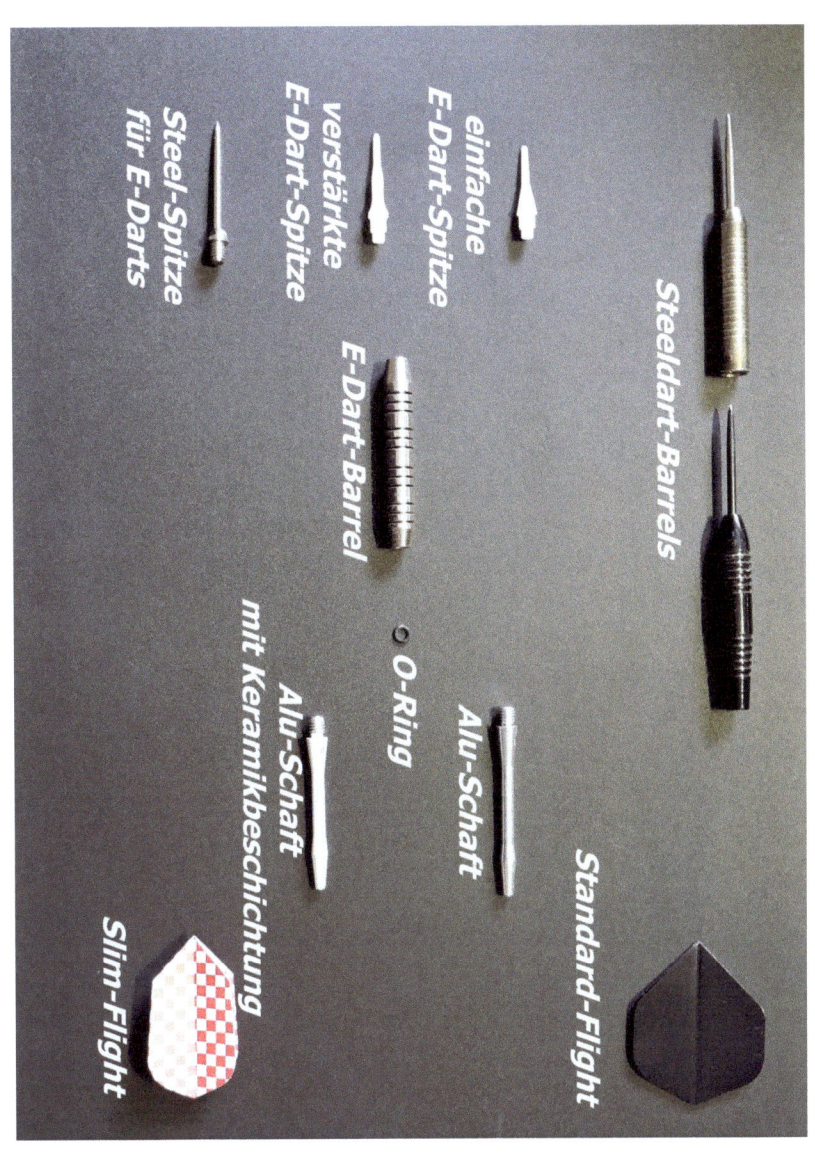

Abb.: Aufbau eines Darts, Beispiele für verschiedene Varianten

und "unkaputtbarer" ist er. Designfolien neigen nach einiger Beanspruchung zum Abblättern. Ihr Flight sieht also wesentlich schneller zerfleddert aus als ohne aufgebrachte Folie. Schlichte Flights halten also meistens länger als die ganz großen Hingucker.

Wer mag, kann bei einigen Dartshops vor Ort oder im Internet auch personalisierte Flights bestellen, die meist in 10-Set-, also 30-Stück-Paketen aufwärts angeboten werden. In aller Regel können Sie hier Form, Farbe und Schriftart wählen und sich Flights mit Ihrem Namen oder Spitznamen bedrucken lassen. Ein hübsches Gimmick, wenn man Freude daran hat. Die Qualität dieser Flights ist in den meisten Fällen recht gut, da sie praktisch nur von Fachgeschäften angeboten werden, die sich mit Dart-Equipment auskennen. Aufgrund der Abnahmemenge von meist mindestens zehn Sets existiert auch kaum ein nennenswerter Preisunterschied zu Flights von der Stange.

Boards und Dart-Equipment
Dartboards
Wenn Sie sich nun entschieden haben, Dart zu Ihrem Hobby zu machen, macht es natürlich Sinn, sich eine Scheibe für das Training zu Hause zuzulegen. Unabhängig davon, ob Sie zukünftig Steel- oder E-Dart spielen möchten, eine ordentliche Steeldartscheibe ist immer eine gute Wahl. Außerdem können Sie auf gut verarbeiteten Sisal-Boards auch mit Softdarts trainieren, deshalb empfehle ich Ihnen für den Heimbetrieb grundsätzlich eine gute Steeldartscheibe. Einerseits bleiben also auf qualitativ hochwertigen Steeldartboards sogar Soft-Tips stecken, andererseits können Sie – wie schon erwähnt – Ihre Softdarts mit Stahlspitzen für den Steeldartboard-Einsatz aufrüsten. Wer sich einen eigenen Dart-Automaten für zu Hause zulegen möchte, sollte mit mindestens 600 bis 900 Euro – wohlgemerkt für ein

akzeptables Gebrauchtgerät – rechnen. Eine derartige Anschaffung sollten Sie aber nur dann in Erwägung ziehen, wenn Sie schon seit einiger Zeit mit großer Begeisterung bei der Sache und sich wirklich sicher sind, dass Sie vorhaben, sich diesem Hobby noch viele Jahre zu widmen. Kleine E-Dartscheiben, wie Sie sie im Fachhandel oder ein bis zwei mal im Jahr beim Discounter finden, sind wesentlich günstiger zu haben, verfügen über etliche Grundeinstellungen für verschiedene Spielvarianten und nehmen Ihnen das Rechnen ab. Einsteigermodelle sind teilweise schon ab 20 Euro aufwärts zu haben, je nach Qualität, Ausführung und Ausstattung können Sie hier aber auch deutlich mehr Geld loswerden. Ob diese leichten elektronischen Scheiben jedoch echtes Dart-Feeling aufkommen lassen, ist Geschmackssache. Hier kann eine schwerere Kabinett-Ausführung eine Lösung sein.

Haben Sie sich für Steeldart als vorwiegendes Hobby entschieden, ist die Anschaffung einer Steeldartscheibe ohnehin recht alternativlos, um zu Hause möglichst gut trainieren zu können. Low-Budget-Scheiben um die 10 bis 15 Euro, die zumeist nicht aus Sisal gefertigt sind, sind in der Regel härter und verschleißen wesentlich schneller, da die geworfenen Darts kleine Löcher hinterlassen, die sich nicht 100prozentig wieder verschließen. Eine solche Scheibe eignet sich dann, wenn Sie nur gelegentlich ein Spielchen zwischendurch absolvieren möchten, die Scheibe aber insgesamt nur selten und nicht für regelmäßigen und ausgiebigen Trainingsbetrieb nutzen wollen. Diese Scheiben sind eher als Spielzeug denn als Sportgerät zu sehen. Es gibt aber auch Sisal-Scheiben für Einsteiger ab ca. 20 Euro im Discounter-Angebot. Beim Kauf einer solchen Scheibe sollten Sie darauf achten, dass das Board hinsichtlich seiner Abmessungen den offiziellen Regeln entspricht. Allerdings: Die meisten No-Name-

Boards können in Sachen Haltbarkeit längst nicht mit den deutlich langlebigeren Markenprodukten der namhaften Konkurrenz mithalten. Wollen Sie lieber eine hochwertige Markenscheibe Ihr Eigen nennen, sollten Sie mit einer Investition ab ca. 50 bis 80 Euro zurechtkommen.

Die höhere Investition zahlt sich in aller Regel nicht nur durch eine längere Nutzungsdauer aus, sondern auch durch mehr Spielspaß. Gute Markenboards zeichnen sich nämlich auch durch eine wesentlich geringere Bouncer-Häufigkeit aus. Das liegt zum einen an einer wertigeren Verarbeitung, zum anderen besitzen billige Dartboards meistens eine mit Klammern auf dem Board befestigte Runddraht-Spinne. Als Spinne bezeichnet man das Drahtgitter, welches die einzelnen Felder voneinander trennt. Treffer auf diesem Drahtgitter oder den Klammern verursachen häufig von der Scheibe abprallende Darts und diese wiederum sorgen für Frust beim Spieler. Zudem verbiegt sich die Spinne bei solchen Treffern sehr schnell. Als Turnierboards eignen sich solche Scheiben deshalb grundsätzlich nicht. Bei hochwertigen Boards kommen heute Runddraht-Spinnen praktisch nicht mehr zum Einsatz. Stattdessen erfolgt hier die Segmenttrennung durch in die Scheibe eingelassene, klingenförmige Metallelemente, die wesentlich dünner sind, nicht verbiegen, keine Klammerung benötigen und damit so gut wie keine Bouncer verursachen. Wenn Sie bereit sind, ein paar Euro mehr zu investieren, dann sollten Sie zu einem solchen Board greifen.

Boardbeleuchtung
Eine Grundvoraussetzung für ein gutes Spiel ist eine ausgezeichnete Hand-Auge-Koordination. Daraus ergibt sich, dass Sie die Scheibe zuerst einmal vernünftig sehen müssen, bevor Sie etwas treffen können. Das klingt zunächst ziemlich profan, wird

aber gern erst nach dem Anbringen der Scheibe bedacht. Es sollte aber bedacht werden, bevor wir Löcher in die Wand bohren, um später festzustellen, dass das Board abends im Dustern hängt. Für Steeldartboards gibt es professionelle Lösungen, beispielsweise ringförmige Beleuchtungssysteme, die die Scheibe optimal und gleichmäßig ausleuchten und den Spieler nicht blenden. Allerdings müssen Sie mit ca. 60 bis 100 Euro für eine solche Apparatur rechnen. Für eine gute Trainingsumgebung genügt es aber ebenso, wenn die Scheibe zum Beispiel von einem normalen Spot angeleuchtet wird. So erreichen Sie ohne zusätzliche Investition zu jeder Tageszeit eine gleichbleibend gute Ausleuchtung, um optimal trainieren zu können.

Catchringe
Der Begriff beschreibt die Funktion eigentlich schon zur Genüge. Ein sogenannter Catchring ist ein Ring, der die Dartscheibe umgibt und somit völlig fehlgegangene Darts auffängt, so dass Sie nicht Ihre Tapete oder Wand auf diese Weise demolieren. Auch für Ihre Darts sind Wandtreffer nicht gerade materialschonend. Abgesehen davon sind Catchringe gut kombinierbar mit professionellen Beleuchtungssystemen, so finden Sie häufig auch eine Kombination aus Beleuchtungsring und Catchring im Angebot einschlägiger Dartshops. Weiterhin bieten Catchringe einen für die Augen angenehmen einfarbigen Hintergrund für Ihre Dartscheibe, was das Zielen erleichtern und die Konzentration verbessern kann. Und schließlich kommen gerade Steeldarter auf komische Ideen für neue Varianten des Cricket- oder Splitscore-Spiels. Da werden schon mal gerne neue Zielfelder erfunden wie beispielsweise das Innere der Null der Punktzahl Zehn, die getroffen werden soll oder der Raum zwischen den beiden Einsen der Elf. Wenn Sie sich solche Ziele vornehmen, ist ein Catchring definitiv keine schlechte Idee.

Scoreboards

Wer zu Hause ein Steeldartboard an der Wand hat, muss seine Punkte selbst ausrechnen. Fürs Training allein genügt hier Kopfrechnen, für Spiele mit mehreren Spielern reichen Papier und Bleistift genauso, wie eine kleine Tafel oder ein kleines Whiteboard an der Wand. Wer fürs Auge eine professionelle Lösung haben möchte, kann sich auch ein Scoreboard als Original-Zubehör besorgen. Mit rund zehn Euro sollten Sie hier auch günstig fündig werden. Für einen richtigen Steeldart-Turnierbetrieb sollte auf jeden Fall eine ordentliche Lösung an der Wand montiert sein.

Weiteres Zubehör und kleine Helfer

O-Ringe

Ein kleines, aber nicht unwichtiges Detail. Wenn Sie diese kleinen Helfer nicht verwenden, wird es Ihnen – wenn Sie Aluschäfte benutzen – immer wieder passieren, dass sich das Gewinde zwischen Shaft und Barrel beim Werfen aufdreht und Sie den Pfeil vor dem nächsten Wurf regelmäßig nachdrehen müssen – und das ist nervig. Diese kleinen Gummiringe verhindern dies. Sie werden über das Gewinde des Schaftes gestreift und sorgen dafür, dass sich der Dart nicht mehr selbstständig auseinanderbaut.

Trainingsringe

Trainingsringe sind kleine Kunststoffringe, die eine Hilfestellung im Training darstellen sollen. Meist bekommen Sie diese Ringe in Sets mit verschiedenen Größen und Farben, wobei Sie meist mit 5 bis 10 Euro an Kosten für ein solches Set rechnen müssen. Wer vor dem Kauf zunächst den Übungseffekt selbst testen möchte, kann sich seine eigenen Trainingsringe einfach aus Alufolie basteln und mit Stecknadeln auf dem Steeldartboard fixieren. Wenn Sie ein E-Dartboard zu Hause haben, können Sie solche Alufolienringe auch ohne Probleme mit Dartspitzen an Ihre Scheibe pinnen. Wenn Sie feststellen, dass Ihnen diese Trainingsmethode hilfreich ist, sollten Sie die einmalige Investition in Kauf nehmen, denn die Bastelei mit den nicht sehr haltbaren Folienringen kann auf Dauer schon ein wenig nervig werden.

Zusatzgewichte

Es gibt kleine Zusatzgewichte, mit denen Sie Ihren Dart bestücken können, indem Sie diese wie einen Adapter in ein Schraubgewinde einsetzen. Wenn Sie mit Ihren eigenen Darts spielen, deren Gewicht Sie selbst ausgesucht haben, werden Sie eher selten auf die Idee kommen, diese mit Gewichten zu bestücken. Wenn Sie aber nur ein Dartset haben und je nach Tagesform lieber mit unterschiedlichen Gewichten werfen mögen, kann ein kleines Zwei-Gramm-Zusatzgewicht hier unter Umständen helfen. Mit zwei bis drei Euro für ein Dreierset sind diese Zusatzgewichte keine große Investition. Handlicher werden Ihre Darts durch diese Zusatzgewichte jedoch nicht.

Fingerwachs

Vielleicht haben Sie auch schon Dart-Profis im Fernsehen beobachtet, die sich vor ihrem Wurf die Finger der Wurfhand anlecken. Nicht übermäßig ästhetisch, aber der Sinn dahinter ist relativ einleuchtend: Der Spieler versucht auf diese Weise, einen besseren Grip zu haben, also den Dart besser greifen zu können und die Wahrscheinlichkeit, dass er ihm beim Wurf ein Stück durch die Finger rutscht, zu minimieren. Die meisten Spieler haben diese Angewohnheit nicht und haben keine Bedenken, aufgrund zu trockener Hände die Kontrolle über den Dart zu verlieren. Einige jedoch schwören eben darauf, entweder weil es ihnen tatsächlich hilft oder – wie so oft im Leben – weil es sich im Kopf festgesetzt hat und man die Angewohnheit eben nicht mehr weg bekommt.

Ästhetischer mag es sein, wenn man diesen Grip durch regelmäßige Handpflege erreicht – die Damen dürften hier eindeutig im Vorteil sein, es gibt aber auch hier einen Trick. Phil Taylor beispielsweise benutzte oft ein Stückchen Wachs, das er zwischen den Fingern knetete, um diesen Effekt zu erzielen. Dafür können Sie ganz normales Wachs verwenden, für knapp 2 Euro gibt es extra hübsch beduftete Wachsplättchen aber auch im Zubehörshop zu kaufen. Eine einfache Lösung für dieses Problem - und es lässt sich ganz einfach und unspektakulär in der Hosentasche verwahren.

Cases/Etuis

Zur Aufbewahrung von Darts inklusive Zubehör gibt es die verschiedensten Lösungen vom kleinen Nylon- oder Kunstlederetui über große, gepolsterte Etuis mit viel Stauraum für Zubehör bis hin zum 40-Euro-Aluköfferchen. Für den Anfang wird es genügen, einfach das Case zu benutzen, das bei Ihrem ersten Komplett-Dartset dabei war. Später, wenn Sie feststellen, dass Sie recht häufig dartsportlich unterwegs sind und deshalb einen gewissen Vorrat an Verschleißteilen und eventuell ein zweites Dartset mit sich führen möchten, macht es Sinn, sich ein größeres Dartetui anzuschaffen. Die teuersten Lösungen müssen dabei nicht die besten für Ihre Ansprüche sein. Im Fachgeschäft finden Sie normalerweise zwischen 10 und 20 Euro eine gute Lösung für sich.

Spezielle Dart-Werkzeuge

Für Darts werden einige Spezialwerkzeuge angeboten, die insbesondere beim Zusammen- und Auseinanderdrehen oder in kniffligen Situationen, wenn zum Beispiel ein Bauteil des Darts abgebrochen ist, hilfreich sein können. Teuer sind diese kleinen Helfer mit einem Preis von meist 2 bis 5 Euro nicht, es gibt aber auch praktisch keine Situation, in der Sie sich nicht mit normalen Küchenutensilien helfen könnten. Dass Sie also einmal völlig aufgeschmissen sind, weil Sie nicht über ein Spezialwerkzeug verfügen, ist recht unwahrscheinlich.

Dartshirts

Wenn Sie seit einiger Zeit im Liga- oder Turnierbetrieb unterwegs sind und ständig die mehr oder weniger schicken Shirts anderer Darter bewundert haben, entwickeln Sie vielleicht auch den Wunsch nach einem speziellen Darttrikot. In vielen Dartshops im Einzelhandel oder auch im Internet finden sie sowohl neutrale Dartshirts als auch Merchandising- und individuell gestaltbare Artikel. Je nach Geschmack können Sie sich so für Ihr Hobby einkleiden. Neutrale Shirts können Sie hier zwischen 15 bis 40 Euro in hübschen Designs bekommen, Merchandising-Artikel mit dem Branding eines Profi-Darters kommen Sie unter Umständen deutlich teurer zu stehen. Für Fans mag das ein Muss sein, es kann aber schon ungewollt komisch wirken, wenn ein Spieler mit dem Namen eines Weltklasseprofis auf dem Rücken permanent daneben wirft. Die meisten Spieler tragen daher lieber ihren eigenen Namen auf dem Trikot. Einfache Shirts können Sie oftmals direkt beim Verkäufer mit Ihrem Namen oder Spitznamen beflocken lassen. Wenn Sie eines Tages ein Shirt für sich ganz allein und vollständig individuell gestaltet haben möchten, bieten einige Anbieter hierfür einen Komplett-Service an, der vollständige Design-Wünsche umsetzt. Für einen solchen Aufwand sollten Sie aber knappe hundert Euro einplanen.

Exkurs: Marken und Pro-Brandings

Am Markt existieren etliche Marken, die alle erdenkliche Dartausrüstung vom Flight über komplette Dartsets bis hin zu Dartboards anbieten. Die Qualität der namhaften Marken kann man durch die Bank als gut bezeichnen, ganz überwiegend sogar auf sehr erschwinglichem Preisniveau. Bei kompletten Dartsets oder einzelnen Baugruppen – insbesondere Tungsten-Barrels – können hier aber auch sehr sportliche Preise zustandekommen. Wenn es sich um den Merchandising-Artikel eines Pro-Spielers handelt, kaufen und bezahlen Sie natürlich den guten Namen mit. Ob davon irgendetwas besser fliegt, ist wohl eher ein bisschen Kopfsache – man muss eben daran glauben.

Ihre Erstausstattung

Jetzt haben wir alles mögliche Dartzubehör kennengelernt und möglicherweise haben wir es damit auch geschafft, Sie damit ein wenig zu verwirren. Das sollte natürlich nicht so sein, lässt sich aber leicht beheben. Wenn Sie sich jetzt also fragen: "Was ist denn nun das Richtige für mich persönlich?", dann werden wir die Sache nun mal wieder ein wenig entwirren. Wenn Sie als blutiger Anfänger erstmal erste Erfahrungen sammeln wollen, sollten Sie zunächst ganz selektiv einkaufen. Beginnen Sie deshalb Ihre Einkaufsliste mit den absoluten Basics, also mit Board und Darts. Das werden Sie auf jeden Fall benötigen. Wir sollten an dieser Stelle noch keine großen Ausgaben tätigen, da wir ja noch keine Erfahrungswerte haben, was Ihnen tatsächlich zusagt. Mehr ausgeben können Sie später immernoch, wenn Sie bereits genauer wissen, was Sie brauchen bzw. wollen. Zusätzlich brauchen wir noch einen kleinen Handvorrat an Verbrauchsmaterial, damit Sie nicht nach einer halben Stunde bereits wieder auf dem Schlauch stehen.

Günstig einsteigen – kein Problem

Als Grundausstattung, um zu Hause zu trainieren und bei Turnieren oder Mannschaftsspielen einsatzbereit zu sein, müssen Sie nicht viel Geld ausgeben. Besorgen Sie sich zunächst einmal das Nötigste: Ein Board und ein günstiges Set Darts. Sollten Sie sich beispielsweise entscheiden, sich bei einem Discounter während einer Aktionswoche einzudecken, können Sie das problemlos tun. Für den Übungsbetrieb zu Hause empfehle ich Ihnen ein Steeldartboard, auch wenn Sie in der Regel E-Dart spielen. E-Dartboards für zu Hause eignen sich wunderbar für ein schnelles Spiel mit Freunden in den eigenen vier Wänden, für ausgiebiges Training aber ist eine Steeldartscheibe empfehlenswerter. Es ist die einfachste, stilechteste und flexibelste Lösung und schont die Nerven anderer Haushaltsangehöriger und ggf. der Nachbarn, denn E-Dartscheiben für den Hausgebrauch verursachen immer Krach. In diesem Fall sollten Sie mit einem akzeptablen Übungsboard und dazugehörigen Steeldarts für weniger als 30 Euro bedient sein. Wenn Sie sich für das E-Darten entschieden haben, brauchen Sie natürlich noch ein Set E-Darts, für das Sie ebenfalls nicht über 5 - 10 Euro ausgeben müssen. Theoretisch können Sie dann sogar auf das Set Steeldarts verzichten und sich einfach ein paar Steel-Tips für Ihre Soft-Darts besorgen. Allerdings sollten Sie sich im Dartshop dann noch einen kleinen Vorrat an Ersatzspitzen, O-Ringen und ein bis zwei Sets Ersatzflights besorgen. So wären Sie alles in Allem mit etwas über 40 Euro startbereit. Falls Sie sich doch für die Variante mit einem E-Dart-Board für das Heimtraining entscheiden, ändert das an dieser Kalkulation praktisch nichts. Wenn Sie von Beginn an lieber Ihre Ausrüstung im Dartshop kaufen möchten, um die dortige Beratung zu erhalten, können Sie dort ein Markenboard ab 40 Euro und Dartsets ab ca. 10 Euro erhalten. Es kommt Sie also unwesentlich teurer, dafür haben Sie aber meist die Gelegenheit,

Ihre Darts vorher etwas genauer in Augenschein zu nehmen und festzustellen, ob sie Ihnen gut in der Hand liegen. Als Dartcase können Sie für den Anfang in aller Regel das zu Ihren Darts mitgelieferte Case verwenden, so dass Sie hier erstmal keine Kosten einplanen müssen.

Upgrade für Liga- und Turnierspieler
Wenn Sie nun schon seit einiger Zeit dabei sind und festgestellt haben, dass Ihnen leichtere oder schwerere Darts mehr liegen oder Sie gern die Möglichkeit haben möchten, bei Wettbewerben kurzfristig und je nach Tagesform zwischen zwei verschiedenen Gewichten wechseln zu können, wird es unter Umständen Zeit für eine Erweiterung Ihres Equipments. Nun haben Sie feste Vorstellungen und genügend Erfahrung, um sich Ihre Darts ganz gezielt auszusuchen. Spezielle Wünsche können hier aber schon den einen oder anderen Euro extra kosten. Um die entsprechende Auswahl zu haben, sollten Sie auf jeden Fall einen Fachhändler aufsuchen. Hier bekommen Sie einfach eine universelle Auswahl an verschiedenen Gewichten und Ausführungen. Auch bei den Flights haben Sie hier eine große Auswahl und finden mit Sicherheit, was Sie sich vorgestellt haben. Achten Sie auf eine gute Lebensdauer des Materials. Insbesondere wenn Sie ein Ersatzset Darts bei Wettkämpfen mitnehmen möchten, bietet es sich auch an, direkt ein etwas größeres Case anzuschaffen, das für beide Sets plus Verbrauchsmaterial ausreichend Platz bietet. Für ca. 10 - 20 Euro finden Sie bestimmt ein Case in einer für Ihren Geschmack passenden Ausführung.

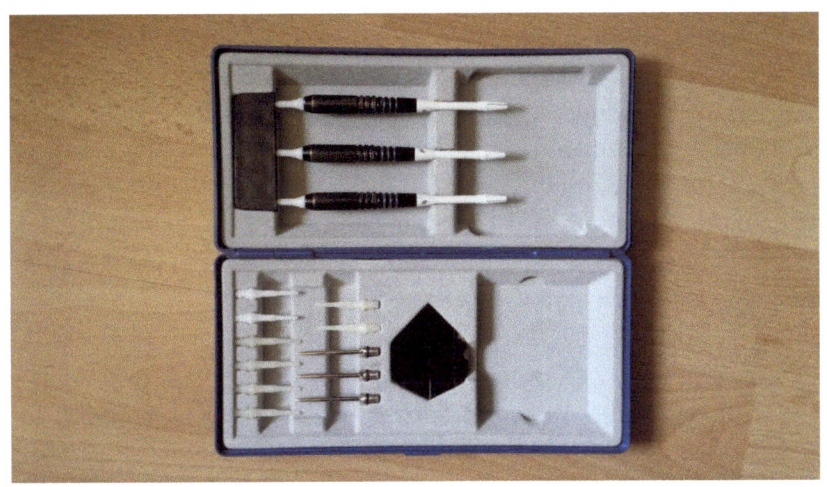

Abb.: So bestückt kann es losgehen zum Steel- oder E-Dart-Turnier

Upgrade für angehende Profis

Wer irgendwann sein Heim zum Mekka für seine komplette Dartmannschaft ausbauen möchte, kann hier jeden beliebigen Betrag versenken. Ausreichend Platz und Ruhe sollten aber gewährleistet sein, ansonsten lohnt sich eine größere Anschaffung nicht wirklich. Partykeller bieten sich hier natürlich besonders an. Für den passionierten E-Darter wird wahrscheinlich der eigene Dart-Automat der Traum schlechthin sein, mit zugehöriger Abstandsmatte versteht sich. Aber dafür sind – nochmal: wohlgemerkt für einen gebrauchten Automaten – schnell mal 600 bis 900 Euro fällig. Wer soviel nicht ausgeben will, dem wird auch mit einer hübschen Kabinett-Lösung geholfen sein. Dabei befindet sich die Scheibe in einem Schränkchen, dessen Türen geschlossen werden können und das zudem an der Wand ganz schmuck ausschaut. Hier können Sie teilweise schon unter 100 EUR fündig werden, aber auch deutlich darüber – allein Ihr Geschmack ist entscheidend.

Für eine professionelle Steeldart-Lösung zu Hause haben Sie schon alles Zubehör kennengelernt: Dartboard, Catchring, professionelle Beleuchtungslösung, ein schickes Scoreboard und als hübsche Ergänzung dazu eine ordentliche Oche-Matte, wenn man nicht unbedingt eine Leiste in den Fußboden dübeln möchte. Je nach Ausführung können Sie hier mit einem Einsatz von ca. 200 – 300 Euro eine sehr professionelle Trainings-Area einrichten, der man die Liebe zum Detail direkt ansieht.

Darttechnik

Im nachfolgenden Abschnitt werden wir uns mit den Grundlagen der Darttechnik befassen, mit grundlegenden Fehlern und Tipps, wie man eben diese vermeiden kann. Vorher möchte ich aber noch eine Sache voranstellen. Es ist wichtig zu verstehen, dass, wie bei allen Dingen, die ein enges Zusammenspiel von Körper und Geist erfordern, auch beim Darten der größte Teil der Durchführung unbewusst ablaufen muss, um wirklich gut zu werden. Sie können nämlich ohnehin nicht jeden einzelnen Muskel zehntelmillimetergenau bewusst kontrollieren. Eine solche Genauigkeit lässt sich nur durch Wiederholung einstudieren, weiterhin braucht es mentale Stärke, um sich nicht von äußeren Einflüssen aus dem Konzept bringen zu lassen. Deshalb sind das Erlernen der richtigen Technik – die nicht für jeden exakt dieselbe sein muss – und sehr viel Übung erforderlich. Sie müssen also die Technik so verinnerlichen, dass Sie sie später automatisch und ohne großes Nachdenken, praktisch intuitiv, beherrschen. Nur so werden Sie kontinuierlich Ihr Ziel treffen. Deshalb sollten wir langsam und mit einfachen Schritten beginnen, um uns keine Fehler anzutrainieren. Denn sich einmal antrainierte Fehler wieder abzugewöhnen, kann wesentlich aufwendiger und anstrengender sein, als von vornherein auf die richtige Durchführung zu achten. Gehen Sie deshalb entspannt und ohne Nervosität an die Sache heran und setzen Sie sich keinem Druck aus. Wenn Sie das beherzigen, werden Sie sehen, es ist ganz leicht. Wir werden übrigens auf die spannende Frage, wie bewusst oder unbewusst wir unseren Erfolg beim Darten steuern können, später noch im Kapitel "Psychologie des Dartens" zurückkommen.

Grundlagen der Darttechnik

Grundsätzlich gilt: Wer trifft, dem gibt der Erfolg Recht. Wenn Sie also einen ganz eigenen Stil kreieren, mit dem Sie alles bisher Dagewesene in den Schatten stellen, haben Sie alles richtig gemacht. In den meisten Fällen wird es aber mehr Sinn machen, sich mit den Basics der Darttechnik vertraut zu machen und im individuellen Training mit der Zeit den eigenen Stil herauszuarbeiten.

Es gibt Spieler, deren Würfe eher einen leichten, weichen Bogen beschreiben, andere hämmern die Darts im wahrsten Wortsinn schnurgerade in das Board. Wo innerhalb dieser Bandbreite Ihr persönlicher Stil liegt, das werden Sie erst im Laufe der Zeit herausfinden und höchstwahrscheinlich auch immer mal wieder leicht verändern. Unser Ziel hier ist es, Ihnen Schritt für Schritt die Grundlagen näher zu bringen, die es Ihnen ermöglichen, Ihren persönlichen Stil und zuallererst einmal einen guten und möglichst treffsicheren Einstieg zu finden.

Der Stand

Der richtige Stand ist eine der wichtigsten Voraussetzungen für ein gutes Spiel. Stehen Sie falsch oder für Ihr Gefühl unbequem, werden Sie keine guten Ergebnisse erzielen und im Zweifelsfall eher Rückenschmerzen bekommen, als etwas zu treffen. Die meisten Spieler stellen sich instinktiv mit dem richtigen Fuß an die Abwurflinie oder das Oche. Wenn Sie mit dem rechten Arm werfen, dann ist der richtige Fuß ebenfalls der rechte. Sind Sie hingegen Linkshänder, dann gehört auch der linke Fuß nach vorne. Einige Spieler stellen sich zunächst mit dem falschen Fuß an die Abwurflinie. Warum das keine gute Idee sein kann, ist leicht erklärt. Dart ist ein Präzisionsspiel und so wird eine Aussage hier immer wiederkehren: Je weniger Sie sich bewegen, umso besser. Jede Bewegung birgt das Risiko, Ungenauigkeiten in die Wurfbewegung einzuschleppen und reduziert damit die Präzision. Wenn Sie nun mit der rechten Hand werfen, aber mit dem linken Fuß vorn stehen, was geschieht dann beim Wurf? Zunächst einmal ist dann auch die Wurfhand in der Ausgangsstellung wesentlich weiter hinten und damit die Distanz zur Scheibe sehr viel größer. Um aber überhaupt einen koordinierten Wurf auf die Scheibe hinzubekommen, werden Sie während des Wurfs den gesamten Oberkörper drehen müssen, um den Wurfarm nach vorn in eine halbwegs geeignete Position zu bringen. Dass ist eine riesige Bewegung, die nicht ausgleichbare, immer wieder unterschiedliche Ungenauigkeiten in den Wurf bringt. Es kann zwar natürlich funktionieren, dass Sie damit sogar die Triple-20 treffen, wiederholen lässt sich das meistens jedoch nicht. In der Regel ist das Trefferbild eines Spielers, der mit dem falschen Fuß vorn steht, sehr weit auseinanderliegend und zeigt, dass diese Wurftechnik sehr wenig Kontrolle ermöglicht und teilweise eher zufällige als gezielte Ergebnisse liefert. Daher merken Sie sich: Linke Hand = linker Fuß, rechte Hand = rechter Fuß – wir sind hier eben nicht beim Speerwerfen, auch wenn einige Spieler es im Scherz manchmal so bezeichnen.

Wenn Sie so stehen, haben Sie zudem die Möglichkeit, sich nach vorn zu lehnen und den Abstand zur Scheibe darüber zusätzlich zu verkürzen. Beim Dart gibt es keine Distanz, die Sie einhalten müssen, solange Ihr vorderer Fuß hinter dem Oche bzw. der Abwurflinie bleibt. Bei Spielern mit einer Körpergröße jenseits der 2-Meter-Marke wirkt das manchmal beinahe so, als könne der Spieler die Darts direkt in die Scheibe stecken. Nun ja, so drastisch ist es natürlich nicht, aber größere Spieler sind tatsächlich näher dran. Wenn Sie selbst nicht zu den ganz Großen zählen, haben Sie es vielleicht schon einmal bemerkt: Das Leben ist nicht immer fair. Sorgen müssen Sie sich deshalb trotzdem keine machen – ob ein großer Spieler deshalb auch ein großer Dartspieler ist, das steht auf einem anderen Blatt.

In welchem Winkel Sie Ihren Fuß an die Abwurflinie stellen, müssen Sie selbst durch Ausprobieren im Training herausfinden. Grundsätzlich haben Sie die Möglichkeit, den Fuß gerade in Richtung Bullseye auszurichten, allerdings wird das in der Regel wieder Ihren Wurfarm ein Stück nach hinten beordern. Nichts desto trotz spielen etliche Spieler – auch Profis – in diesem Stil.

Den meisten Spielern wird es jedoch mehr entgegenkommen, den Fuß entweder schräg mit der Außenseite Richtung Board an die Linie zu stellen oder sogar komplett quer, also fast im 90-Grad-Winkel zur Wurfrichtung zu plazieren. Auf diese Weise bekommen Sie die Schulter des Wurfarmes in maximale Scheibennähe und müssen beim Wurf tatsächlich nur noch den Arm bewegen, was optimal ist. Denn je einfacher die Bewegung, umso leichter lässt sie sich einstudieren und mit möglichst geringer Abweichung wiederholen. Und das ist – wie schon angesprochen – ein Grundelement einer zuverlässigen Darttechnik.

Wo wir gerade dabei sind: Sehr viele Spieler erwischen sich gerade beim Einstieg in das Spiel dabei, wie sie beim Abwurf "hüpfen". Auch, wenn Sie dies sogar ganz vereinzelt bei manchen Profis beobachten können – hier gilt absolut: Wehret den Anfängen. Haben Sie sich erst einmal an eine solche Hüpftechnik gewöhnt, ist es schwierig, das wieder herauszubekommen. Besonders unter Druck schleichen sich schlechte Angewohnheiten gern wieder ein. Fangen Sie daher am liebsten erst gar nicht damit an. Für das Hüpfen gilt dasselbe, was für den falschen Stand gilt. Sie bringen damit eine Bewegung des gesamten Körpers in den Wurf mit ein – es muss einfach ungenauer werden, als wenn Sie aus einem ruhigen Stand heraus werfen. Sie müssten praktisch in die Armbewegung und Ihr Timing beim Abwurf diese Hüpfbewegung mit einrechnen und das macht die Sache nahezu unkalkulierbar.

Stehen Sie sicher, fest, nicht schwankend und bequem – denn auch das ist wichtig, um sauber werfen zu können – und werfen Sie aus diesem sicheren Stand. Lehnen Sie sich dabei so weit nach vorn, wie es Ihnen eine Hilfe ist, ohne dabei an Standfestigkeit zu verlieren oder schmerzhafte Zwangshaltungen einnehmen zu müssen. Wenn Sie auf die Nase fallen oder Ihnen nach 20 Runden das rechte Knie wehtut, haben Sie keinen Vorteil. Dann ist es besser, auf die letzten fünf Zentimeter Distanzverkürzung zur Scheibe zu verzichten und stattdessen lieber einen sauberen und sicheren Stand zu haben. Damit haben Sie eine gute Grundlage, um Ihr Ziel erfolgreich ins Auge fassen zu können.

Ob Sie lieber weiter links oder weiter rechts von der Mitte der Abwurflinie stehen oder sich exakt in der Mitte postieren, hängt ganz von dem Wurfstil ab, den Sie mit der Zeit entwickeln. Sie sollten sich zunächst dorthin stellen, wo es Ihnen instinktiv am ehesten zusagt. Stück für Stück werden Sie sich erarbeiten, was Ihnen besser liegt. Es gibt Spieler, die sehr weit zu einer Seite stehen, andere stellen sich praktisch frontal vor das Bull. Hier gibt es kein Richtig und Falsch. Richtig ist, was zu Ihrer Wurfbewegung passt. Unter Umständen werden Sie sich auch für bestimmte Zahlen anders an die Abwurflinie stellen als für andere. Dasselbe gilt, wenn ein bereits geworfener Dart Ihr anvisiertes Ziel blockiert. Auch bei Profis werden Sie dies häufig beobachten können. Stecken beispielsweise zwei Darts bereits so sperrig in der Triple-20, dass die Gefahr für einen Querschläger oder im schlimmsten Falle sogar einen Bouncer gegeben ist, stellen sich die Spieler häufig weiter zu einer Seite und versuchen so, den dritten Dart praktisch von außen an den bereits steckenden "vorbeizumogeln".

Eines sollten Sie aber dennoch beherzigen: Merken Sie sich Ihren optimalen Standort an der Linie für Ihr Ziel. Nur, wenn Sie möglichst immer von der gleichen Stelle aus werfen, können Sie die maximale Sicherheit erreichen. Denn ansonsten müssen Sie Ihre Würfe in jeder Runde Ihrer neuen Position anpassen und das lässt keine Routine aufkommen, wie Sie sie für einen hübschen 180er-Wurf benötigen. Einige Spieler stehen bei Ihren Würfen so weit links oder rechts von der Mitte, dass sie dem Spieler an der Nachbarscheibe schon in die Quere kommen. Bei Wettkampfspielen lassen Sie diese Spieler am besten zuerst zu Ende werfen und stellen sich dann dort an die Linie, wo es für Sie passt. Stellen Sie sich nicht behelfsmäßig irgendwo hin, wo es für Sie nicht passend ist, nur weil der Nebenmann Ihren Platz in Anspruch nimmt.

Der Griff

Kaum ein einzelnes technisches Element fällt bei verschiedenen Dartern so offensichtlich unterschiedlich aus wie der Griff. Damit ist gemeint, wie Sie den Dart während Ihres Wurfes in der Hand halten. Viele Spieler bevorzugen eine Handhaltung, bei der sie den Dart mit zwei Fingern, in der Regel also mit Daumen und Zeigefinger, halten. Andere Spieler halten den Dart auch mit drei Fingern, indem Sie den Mittelfinger der Wurfhand hinzunehmen. Dabei lassen die meisten Spieler die Spitze des Dartpfeils direkt nach vorn auf das anvisierte Ziel zeigen. Es gibt aber auch Spieler, die den Dart quasi aufrecht vor sich halten, so dass er mit der Spitze Richtung Boden zeigt. Einige Spieler neigen dazu, während der Zielphase den Pfeil mit den Fingern so nah an die Handfläche heranzuziehen, dass die Finger das Barrel verdecken. Ich empfehle Ihnen, für den Anfang zu versuchen, den Dart so zu halten, als handele es sich um einen Kugelschreiber. Denn auch den müssen Sie schließlich feinmechanisch kontrollieren, genauso wie einen Dartpfeil. Sollten Sie mit dieser Technik nicht zurechtkommen oder sollte Ihnen eine andere Griffhaltung letztlich angenehmer vorkommen, folgen Sie Ihrem Gefühl. Eine Patentlösung kann ich Ihnen leider nicht präsentieren, denn die gibt es nicht. Der richtige Griff ist der, der sich für Sie gut anfühlt und mit dem Sie die maximale Kontrolle über den Pfeil haben, ohne dass Sie dadurch Ungenauigkeiten in Ihren Wurf einschleppen.

Ob Sie das Barrel ganz vorn greifen oder eher mittig, hängt ebenfalls von Ihrem persönlichen Gefühl ab. Besonders die Höhe des Wurfs wird hierdurch stark beeinflusst. Einige Barrels sind so geformt, dass dadurch der Griff praktisch schon vorgegeben wird. Sie sollten entsprechend darauf achten, dass Sie mit Barrels spielen, die Ihrer Griffhaltung entgegenkommen.

Sie müssen also letztlich durch Training und Übung selbst herausfinden, welche Handhaltung Ihnen am besten liegt. Aber das ist ja auch das Schöne am Dart: Es ist immer ein bisschen Platz für einen individuellen Stil. Im Zweifel sollten Sie in diesem Punkt dem nachgeben, was nach Ihrem Gefühl die beste Technik für Sie persönlich ist – wenn Sie damit gute Ergebnisse erzielen.

Hand-Auge-Koordination

Ein oft zitierter Begriff von großer Wichtigkeit für Ihr Spiel – aber was bedeutet er eigentlich? Fangen wir also ganz vorne an. Wenn Sie einen Kaffee trinken oder einen Tee oder ein Glas Bier, dann greifen Sie nach Ihrem Trinkgefäß und führen es zum Mund. In aller Regel haben Sie dabei eine Trefferquote von hundert Prozent. Beim fünfzehnten Bier kann diese manchmal etwas nachlassen (beim zehnten Kaffee aber auch). Das ist eine sehr einfache Darstellung von Hand-Auge-Koordination, aber tatsächlich das Phänomen, um das es hier geht. Etwas schwieriger, aber dieselbe Problematik: Ein Gegenstand fällt vom Tisch und Sie fangen ihn reaktionsschnell und geistesgegenwärtig wie Sie sind, auf, bevor er den Boden erreicht und zu Bruch geht. Im Alltag sind wir rund um die Uhr auf die Hand-Auge-Koordination angewiesen. Sie ist ein automatisierter Ablauf, der unspektakulär erscheinen mag, gleichzeitig aber auch eine Demonstration der phänomenalen Rechenleistung und Abstraktionsfähigkeit unseres Gehirns im Zusammenspiel mit unseren Sinnen. Im Darten gilt es, diese Fähigkeit auf den Dart und das Board an der Wand zu fokussieren. Es mag albern erscheinen, das zu erwähnen, aber die Schaltzentrale für diese Abläufe ist das Gehirn. Aber so albern wie es zunächst klingt, ist diese Feststellung gar nicht. Viel mehr ermöglicht sie uns, dem Problem besser auf den Grund zu gehen.

Hand-Auge-Koordination bedeutet also Schritt für Schritt betrachtet: Ihr Gehirn bekommt Informationen vom Auge, rechnet darauf hin die Bewegung aus, die Sie ausführen müssen, um Ihr Ziel zu treffen und steuert danach Ihre Wurfbewegung. Und da geht die Problematik auch schon los. Viele Gelegenheitsspieler und Anfänger, die sich von vornherein zunächst nicht zutrauen, eine Triple-20 zu treffen, nehmen sich als Ziel erst einmal den oberen Teil der Scheibe vor, also "irgendwo da oben, wo auch die 20 ist". Und da schauen sie dann auch hin. Das bedeutet, dass sie diese Information auch an das Gehirn als Zielstellung übermitteln. Darauf reagiert das Gehirn mit einer Berechnung, die den Pfeil genau dort landen lässt, eben irgendwo da oben im Bereich der 20. Das ist so ähnlich, als wollten Sie sich mit einem Bekannten verabreden und sagen: "Komm doch morgen Nachmittag mal vorbei". Ob das dann aber 14:30 Uhr wird oder 17:15 Uhr, das werden Sie dann sehen. Wenn Sie so etwas vermeiden wollen, sollten Sie sich mit Ihrem Bekannten etwas genauer verabreden, zum Beispiel für 15:00 Uhr. Natürlich kommt er zu spät, sagen wir gegen 15:11 Uhr. Und genauso funktioniert auch die Hand-Auge-Koordination beim Dart. Sagen Sie sich "irgendwo in der 20", wird der Dart irgendwo in der 20 landen, plus der Abweichung, die durch Ihr gegenwärtiges Potential bestimmt wird. Das Potential können Sie durch Übung und Erfahrung, durch feilen an Ihrer Technik und Taktik verbessern. Umsetzen können Sie dieses Potential allerdings erst, wenn Sie sich exakt auf ihr Ziel fokussieren und damit Ihrem Gehirn die Daten liefern, die es benötigt, um Ihnen eine exakte Flugkurve für Ihr Sportgerät ausrechnen zu können. Einige Spieler trauen sich anfangs nicht, so genau zu zielen, da sie fürchten, es sei besonders peinlich, daneben zu werfen, wenn man vorher akribisch gezielt hat. Die Idee können Sie getrost vergessen. Ein Treffer in der Double-15 bei einem Versuch auf Double-Bull ist immer gleich peinlich. Mit

66

fokussiertem Zielen steigen lediglich die Chancen, diese Blamage abzuwenden.

Einige Spieler machen zunächst ein- oder mehrmals eine angetäuschte Wurfbewegung ähnlich einem Golfer, der sich auf seinen Putt einstellt. Wenn Ihnen das hilfreich ist, können Sie sich dieser Technik bedienen, wenn nicht, lassen Sie es einfach sein. Hier gibt es mal wieder kein Richtig oder Falsch.

Der Wurf

Na endlich! Nach der ganzen Theorie vorneweg dachten Sie womöglich schon, wir kämen hier nie mehr zum Werfen. Keine Sorge, gut Ding will eben Weile haben, aber jetzt sind wir soweit. Natürlich ist der Wurf das entscheidende Element beim Darten. Welchen (theoretischen) Fehler auch immer Sie in allen Bereichen machen, wenn Sie ihn mit Ihrem Wurf ausgleichen, ist alles gut – und dann ist es auch kein Fehler mehr, sondern einfach nur eine spezielle Technik. Der Wurf selbst baut natürlich trotzdem darauf auf, wie sauber Sie die vorgenannten Punkte für sich gelöst haben. Umso leichter wird es für Sie sein, Ihr Ziel zu treffen.

Nun ist es schwierig, eine solche Bewegung nur mit Worten zu beschreiben, eigentlich müsste man es vormachen und gemeinsam üben. Und das wird letztlich auch Ihre Aufgabe sein, wenn Sie erfolgreich und mit Spaß darten wollen. Der Wurf selbst ist reine Übungssache. Das klingt vielleicht nach harter Arbeit, sagt aber auch aus, dass hier mangelndes Talent keine Ausrede (oder besser gesagt: Kein K.O.-Kriterium) ist. Ohne Fleiß kein Preis, das gilt auch beim Dart. Und mit ausreichend Fleiß können Sie hier so ziemlich alles wettmachen.

Wichtig ist vor allem, dass Sie sich von vornherein eine

Wurftechnik aneignen, die leicht ohne größere Abweichungen zu wiederholen ist. Schon deshalb scheiden – wie bereits erwähnt – Hüpf-, Sprung- und sonstige Ganzkörpertechniken erst einmal aus. Ebenso sind hektische und für Sie unbequeme Bewegungen tabu. Optimal ist eine für Ihr Gefühl natürliche, bequeme und flüssige Bewegung. Außerdem ist es von Vorteil, wenn die Bewegung selbst so minimal wie möglich ist – wir hatten darüber schon kurz gesprochen. Ganzkörperbewegungen, Bewegungen im Oberkörper oder größere Bewegungen der Schulter sind absolut hinderlich dabei, einen gleichbleibenden, sauberen Wurf zu entwickeln. Auch hier wird Ihnen die Beobachtung routinierter Spieler und Profis helfen.

Abb.: Fokussiert: Peter Ruffing beim Wurf

Bringen Sie die Schulter des Wurfarmes möglichst nach vorn, um solche hinderlichen Bewegungen auszuschließen. Visieren Sie Ihr Ziel an, wie bereits beschrieben (Hand-Auge-Koordination). Am besten stellen Sie sich vor, Ihr Ellbogen sei fest im Raum installiert. Wie das Gelenk eines Roboterarms, bei dem die Bewegung des vor dem Gelenk liegenden Teils keine Auswirkung auf den Rest hat. Sie werfen also ausschließlich mit Unterarm und Hand, alles andere bleibt – so gut wie – in Ruhestellung. Dass der Oberarm sich beim Wurf natürlich aufwärts bewegen wird, wird sich nicht vermeiden lassen. Ihre Konzentration sollte sich aber so auf die Bewegung des Unterarms, der Hand und der Finger fokussieren, dass Sie den Oberarm bei der Bewegung praktisch ganz ausblenden.

Sie sollten von Anfang an darauf achten, die Bewegung locker und flüssig zu gestalten. Es klingt zwar so, als müsse man jeden Muskel einzeln kontrollieren, aber genau das sollte völlig unbewusst und automatisch geschehen. Um sich eine unbewusst gute Bewegung anzutrainieren, braucht es vor allem eines: Übung. Je mehr Sie üben, umso weniger werden Sie auf die einzelnen Punkte des Bewegungsablaufs achten müssten. Genauso wie beim Autofahren. Bremse, Kupplung (sofern Sie noch einen Schaltwagen fahren, so wie ich), Gas, Blinker, Scheibenwischer, all das und noch viel mehr managen Sie beim Fahren, während Sie das Lied vom MP3-Player mitsingen oder sich mit Ihrem meckernden Beifahrer streiten, ohne bewusst darüber nachzudenken. Beim Darten müssen Sie viel weniger Dinge gleichzeitig kontrollieren, also keine Angst. Je mehr Sie bewusst in diese Abläufe einzugreifen versuchen, umso mehr Fehler und Ungenauigkeiten verursachen Sie.

Im Optimalfall sollten Sie die Wurfbewegung auch nach dem Loslassen des Dartpfeils weiter zu Ende führen, indem Sie den Arm in einer lockeren Bogenbewegung nach unten führen. Diese Technik stabilisiert die Wurfbewegung im Ganzen und verhindert, dass Sie aufgrund einer abrupten Beendigung der Bewegung den Wurf im Moment des Abwurfs verreißen.

Wenn Sie dann gefühlsmäßig Ihr Ziel im Visier haben, also Ihr Gefühl Ihnen sagt: "Jepp, das passt", dann werfen Sie den Dart aus dieser flüssigen Bewegung auf die Scheibe. Die Hauptbewegung ist dabei das "Ausklappen" des Unterarms und der Hand zu einer möglichst geraden Linie. Dies sollte nicht mit zuviel Kraft geschehen und die Bewegung sollte im Optimalfall nicht nur nach vorn, sondern leicht nach vorn-unten gerichtet sein. Wir wollen hier Ihrem Ellbogen keinen Schaden verpassen. Es empfiehlt sich, den Dart kurz vor der maximalen Streckung loszulassen, weil Sie dann über den bestmöglichen Schub verfügen. Lassen Sie den Dart erst los, nachdem Sie die maximale Streckung erreicht haben, ist der Impuls verbraucht und Ihr Pfeil fällt Ihnen einfach auf den Fuß. Und da das bei einer Wurfbewegung passiert ist, kriegen Sie auch keinen Neuen.

Wenn Ihnen auffällt, dass Sie kurz vor dem Abwurf häufig "verreißen", also Ihr Wurfarm unberechenbar ein paar Zentimeter zu irgendeiner Seite schlackert, dann haben Sie noch nicht Ihre flüssige Bewegung gefunden. Eine flüssige Bewegung schließt solche Phänomene weitgehend aus. Die Begründung liegt oft in einer für den Spieler unbequemen Grundhaltung oder -technik oder in zuviel Nachdenken. Überprüfen Sie, woran es bei Ihnen liegt und konzentrieren Sie sich die nächsten Würfe darauf, vor allem locker an die Sache heranzugehen. Wenn Sie die Lockerheit beim Training nicht erreichen, dann wird es naturgemäß schwer, gegen einen starken Gegner bei dem damit verbundenen Druck cool und souverän zu spielen. Darum ist es wichtig, dass Sie Ihre Technik so abstimmen, dass es sich anfühlt, als ginge alles einfach von selbst. Bei vielen Spielern werden Sie nämlich genau das feststellen: Solange nichts Aufregendes passiert, funktioniert alles ganz gut. Schaltet sich aber zum Beispiel beim Checken oder unter gegnerischem Druck der Kopf ein, ist Feierabend. Und das verstärkt sich bei manchen so weit, dass ein Wurf auf die Triple-20 dann auch mal locker in der Double-12 landen kann, sehr zur Verwunderung der Zuschauer, genauso aber auch zur eigenen (ich weiß, wovon ich spreche). Lockerheit und Flüssigkeit Ihres Wurfes sind einer der absoluten Big Points in Ihrer Technik. Wenn Sie das beherzigen und entsprechend wichtig nehmen, dann werden Sie schnell den einen oder anderen geübten Spieler vor unlösbare Probleme stellen. Und dann werden Sie sich hoffentlich daran erinnern, wer Ihnen das gesagt hat.

Der Schwung

Ein wichtiger Teil des Wurfes, den ich aber aufgrund seiner Wichtigkeit gesondert betrachten möchte, ist die Ausholbewegung. Zur besseren Unterscheidung nenne ich sie hier einmal den "Schwung". Tatsächlich ist dieses eine sehr treffende Beschreibung, denn durch die Ausholbewegung bekommt Ihr Dart die nötige Power und Energie, um den Flug in Richtung Board zu absolvieren. Viele Spieler arbeiten Jahre und Jahre an Ihrer Wurfbewegung und schenken der Ausholbewegung zum Wurf dabei kaum Beachtung. Dabei ist es logisch: Wenn Sie schon in der Ausholbewegung einen Fehler machen, wird sich dieser in Ihrem Wurf niederschlagen. Letztlich müssen Schwung und eigentlicher Wurf so fließend ineinander übergehen, dass es eine einheitliche Bewegung ergibt, aber es lohnt sich dennoch, der Ausholbewegung spezielle Aufmerksamkeit zu schenken, denn damit legen Sie einen Grundstein für ein gutes und zuverlässiges Trefferbild.

Genau wie beim Wurf selbst ist es wichtig, dass der Bewegungsablauf flüssig vonstatten geht. Sehr wichtig für einen flüssigen Ablauf ist dabei schon der Startpunkt der Bewegung. Im Optimalfall bilden Ober- und Unterarm Ihres Wurfarms dabei einen – zumindest annähernd – rechten Winkel. Typische Fehler sind hier dementsprechend zu spitze und zu stumpfe Winkel. Um das etwas anschaulicher zu machen, schauen wir uns einmal an, was geschieht, wenn wir einen ungünstigen Winkel als Startpunkt für unsere Bewegung wählen.

Bei einem zu spitzen Winkel, wenn also der Winkel zwischen Ober- und Unterarm kleiner als 90 Grad ist, ziehen Sie den Unterarm zu nah an den Körper heran. In der Folge besteht die Gefahr, mit der Rückwärtsbewegung nicht in einen guten Flow zu kommen und dem Dart deshalb zu wenig Tempo mitzugeben. Außerdem ziehen Sie – da Ihre Wurfhand ja in der Ausgangsstellung schon weit hinten war – die Hand beim Ausholen sehr weit zurück, unter Umständen zu weit. Die Strecke bis zum Abwurf wird also sehr lang und damit steigt das Risiko, dass sich ein Schlenker in die Wurfbewegung einschleicht und Sie im Abwurf verreißen. Verrissene Darts verfehlen ihr Ziel meilenweit.

Bei einem zu stumpfen Winkel – also größer 90 Grad – ist der Wurfarm bereits relativ weit gestreckt. Bei einer kurzen Rückwärtsbewegung des Arms vor dem Wurf werden Sie in aller Regel zu wenig Tempo aufnehmen, um den Dart geradlinig auf das Board zu bringen. Bei einer ausladenderen Rückbewegung des Wurfarmes besteht die Gefahr, bereits in die Rückwärtsbewegung einen Schlenker einzubauen, was dazu führen kann, dass Sie mit dem Dart "aus dem Ziel" gehen und sich selbiges in der Vorwärtsbewegung quasi erst wiedersuchen müssen. Das geschieht zwar unbewusst und automatisch, da die Bewegung dem Gehirn aber relativ wenig Zeit für solche Ausgleichsberechnungen lässt, erfolgen diese Rettungsversuche meist hektisch und das Gehirn liefert in dieser Situation "Pi-mal-Daumen-Zielvorgaben". Und das lässt sich meist auch am Trefferbild ablesen.

In beiden Fällen ist also das Risiko, die Schwung- und Wurfbewegung hektisch auszuführen, um die auftretenden Probleme in den Griff zu bekommen, erhöht und damit auch das Risiko, den Wurf zu verreißen. Deshalb versuchen Sie unbedingt, eine Startposition einzunehmen, die zumindest nahe an der 90-Grad-Faustregel dran ist.

Wichtig: Versuchen Sie unbedingt, bereits bei der Rückwärtsbewegung Ihres Wurfarms im anvisierten Ziel zu bleiben, so dass die Wurfhand in Rück- und Vorwärtsbewegung quasi denselben Weg geht – nur in der Vorwärtsbewegung natürlich noch ein Stück weiter bis zum Abwurfpunkt. Es wird Ihnen eine große Hilfe sein, Ihre Darts in oder zumindest mit hoher Beständigkeit nah an Ihr anvisiertes Ziel heranzubringen.

Versuchen Sie außerdem, den Dart immer gleich weit zurückzuführen. Wenn Sie in der Rückwärtsbewegung unkonstant sind, dann werden Sie Probleme bekommen, souverän Ihr Ziel zu treffen. Viele Spieler verstehen nicht, warum sie so große Abweichungen in Ihren Würfen haben, obwohl sie gefühlt immer die gleiche Wurfbewegung machen. Häufig liegt das daran, dass die Schwungbewegung bei jedem Dart unterschiedlich und teilweise hektisch ausgeführt wird. Und das Ergebnis schlägt sich dann im Trefferbild nieder. Sie machen zwar die gleiche Abwurfbewegung, aber immer mit einem unterschiedlichen Schwung und Tempo. Wenn Sie den richtigen Schwung nahtlos in eine saubere Wurfbewegung übergehen lassen, dann erreichen Sie eine sehr hohe Präzision, ganz egal, auf welches Feld des Boards Sie zielen. Das mag zunächst recht kompliziert klingen, aber erinnern wir uns: Übung macht den Meister. Und wenn Sie genug Übung haben, dann wird all das ganz automatisch ablaufen, ohne dass Sie noch darüber nachdenken müssen.

Das Tempo

Ein Fehler, den viele Anfänger gar nicht bemerken, ist ein falsches Tempo beim Wurfablauf. Vor allem zu hoher Kraftaufwand und eine ungleichmäßige Wurfgeschwindigkeit sind hier problematisch. Und damit meine ich nicht nur, dass die Geschwindigkeit verschiedener Würfe nicht identisch ist, sondern dass das Tempo der einzelnen Wurfbewegung in sich nicht stimmig ist. Viele Spieler haben damit Probleme, ohne die Ursache zu erkennen. Es gibt zwar Spieler, die ausgezeichnete Ergebnisse damit erzielen, den Dart schnurgerade ins Board zu "hämmern". Das sollten Sie jedoch nicht ohne Weiteres nachmachen, denn nicht jedem liegt dieser Wurfstil. Beginnen Sie zunächst langsam, die Scheibe ist viel näher, als es Ihnen vielleicht vorkommt. Deshalb: Es braucht eigentlich nicht viel Kraftaufwand und auch keine übermäßig schnelle Wurfbewegung, damit ein Pfeil "überkommt". Pendeln Sie sich langsam aber sicher auf das richtige Tempo ein. Wenn Sie mit zuviel Kraftaufwand und Tempo werfen, werden Sie sich von vornherein eine unkonstante Technik angewöhnen. Beginnen Sie also deshalb mit einer langsamen Wurfbewegung und steigern Sie die Bewegung ebenso langsam und schrittweise, bis Sie die richtige Dosierung für sich gefunden haben. Lassen Sie dieses Tempo in Ihre motorischen Übungen einfließen, wir kommen noch darauf zurück. Es geht hier in erster Linie darum, einen Automatismus in Ihre Technik hinein zu bekommen.

Nun zum inkonsistenten Wurftempo. Es ist sehr wichtig, dass das Tempo Ihrer Bewegung gleichmäßig oder im Optimalfall zum Abwurf hin leicht ansteigend ist. Wenn Sie kleine Schwankungen in der Bewegungsgeschwindigkeit haben, zum Beispiel, indem Sie kurz vor dem Abwurf Tempo aus Ihrer Bewegung herausnehmen, verreißen Sie den Wurf. Ihre Darts werden dann, je nach Anlage Ihrer Bewegung, in der Höhe oder auch nach links oder rechts ausbrechen. Sie wundern sich dann vielleicht, weil Sie das Gefühl hatten, sauber auf die 20 gezielt zu haben, Ihr Dart aber in der 18 gelandet ist. Das liegt tatsächlich häufig an einer Tempoherausnahme kurz vor dem Loslassen des Darts. Das lässt die Flugbahn Ihres Darts abweichen. Zwar haben Sie Ihr Ziel richtig anvisiert, aber durch das fehlende Tempo trifft der Dart nicht das anvisierte Ziel, sondern driftet in irgendeine Richtung ab. Da Sie das Tempo zum Abwurfpunkt hin konstant halten oder leicht steigern sollten, ist es umso wichtiger, die Bewegung nicht zu schnell zu beginnen, um hinten raus noch Tempo zulegen zu können. Hier hilft, wie gesagt, nur das Antrainieren eines Automatismus. Es ist auch wichtig, dieses Problem theoretisch zu kennen, um es bemerken und schnell eliminieren zu können, wenn es sich hin und wieder in Ihr Spiel einschleicht.

Das Timing

Das Timing beim Abwurf, also den richtigen Sekundenbruchteil zu treffen, um den Dart loszulassen, ist ebenfalls ein hartes Kriterium, um zuverlässig das Ziel zu treffen. Hier haben etliche Spieler Riesenprobleme, ebenfalls oft, ohne sich dessen bewusst zu sein. Einem Außenstehenden fällt dieses Manko beim Zuschauen wesentlich leichter auf. Um Ihnen zu verdeutlichen, wie wichtig das Timing ist, gehen wir einmal kurz durch, was bei einem falschen Timing passiert.

Viel zu früh losgelassen: Der Dart fliegt in zu hohem Bogen ab, hat zu wenig Tempo in der Vorwärtsbewegung und verbraucht seine Energie für seine Bogenkurve, das bedeutet, er fällt am Ende des Fluges herunter wie ein Stein. Dieser Wurfstil ist eine hervorragende Möglichkeit, das gesamte Board zu verfehlen.

Etwas zu früh losgelassen: Der Dart hat bereits gutes Tempo, fliegt aber in zu hohem Bogen ab. In aller Regel treffen Sie zu hoch.

Zu spät losgelassen: Der Dart bekommt nicht mehr ausreichendes Tempo und die Flugkurve ist nicht mehr auf ausreichender Höhe, um das Ziel zu treffen. Sie treffen unterhalb Ihres Ziels.

Der optimale Abwurfzeitpunkt ist in aller Regel einen Wimpernschlag vor dem Erreichen der vollständigen Armstreckung. An dieser Stelle hat der Dart die optimale Geschwindigkeit und Energie. Dadurch erreichen Sie maximale Stabilität und Abweichungen in der Richtung werden minimiert. Die beste Hand-Auge-Koordination nützt Ihnen also nichts, wenn Sie den richtigen Zeitpunkt zum Loslassen des Darts verpassen.

Wichtig: Auch wenn wir jetzt auf jeden der obenstehenden Punkte intensiv eingegangen sind, ist es von allergrößter Wichtigkeit, sich noch einmal vor Augen zu führen, was wir eingangs dieses Kapitels schon festgestellt haben: Die Abläufe müssen letztlich unbewusst zusammenspielen und zu einem einzigen Bewegungsablauf verschmelzen. Dafür ist das Training da. Die einzelnen Aspekte der Technik zu kennen ist eine Grundvoraussetzung, um die eigenen Fehler erkennen und seine Technik im Training optimieren zu können. So können Sie auf jeden Punkt einzeln eingehen und finden schnell den Schlüssel zur Lösung des Problems, sollte es nicht richtig rund laufen.

Aber: Im Spiel sollten all diese Überlegungen möglichst keine Rolle spielen.

Es ist Sinn des Trainings, alle genannten Punkte zu einer Einheit zu formen, die automatisch abläuft. Wenn Sie im Wettkampf an der Scheibe stehen, ist das Einzige, worauf Sie sich konzentrieren, die vollständige und möglichst genaue Fokussierung Ihres Ziels und das "Abspulen" der trainierten Technik. Wenn Sie hier noch darüber nachdenken müssen, bewusst die Ausholbewegung auszuführen, dann haben Sie Ihre Hausaufgaben nicht zur Genüge erledigt.

Dart-Training

Für den Trainingsbetrieb in den eigenen vier Wänden empfiehlt sich – wie schon gesagt - grundsätzlich eine gute Steeldartscheibe. Elektronische Geräte für zu Hause nehmen Ihnen zwar das Rechnen ab, die meisten preisgünstigen Lösungen vermitteln jedoch in aller Regel kein besonders überzeugendes Dart-Feeling. Außerdem werfen Sie im Training normalerweise sehr viele Darts. Nicht nur der Nachbar, der vielleicht auf der anderen Seite der Wand sein Wohnzimmer hat, wird es Ihnen danken, wenn Sie eine geräuscharme Lösung für Ihr Training wählen, auch Ihnen selbst wird es wahrscheinlich angenehmer sein, wenn Sie sich nicht 100 Runden lang ein nervtötendes "Tock-

Tock-Tock" anhören müssen. Damit Sie lange Freude an Ihrer Scheibe haben, sollten Sie dabei darauf Acht geben, sich ein qualitativ ordentliches Board zuzulegen, wie wir es im Kapitel "Darts und Equipment" beschrieben haben.

Übung macht den Meister – das gilt, wie schon festgestellt, auch beim Darten. Und ähnlich wie bei anderen Sportarten auch, besteht das Training nicht in erster Linie aus dem normalen Spielmodus. Auch beim Fußballtraining gehören Trainingsspiele zwar mit dazu, in erster Linie dient das Training aber der Fokussierung auf einzelne Aspekte des Spiels, um Schwächen abzustellen und Stärken noch mehr zu fördern. Wenn Sie Bilder aus dem Trainingslager einer Fußballmannschaft sehen, werden Sie feststellen, dass das normale Spiel eher selten zu sehen ist, viel häufiger werden Sie Spieler sehen, die Lauf-, Kraft oder Konditionstraining absolvieren, Torschüsse üben oder schlicht Gymnastikübungen machen. So in etwa wird Ihr Darttraining auch sein. Keine Panik, wir werden jetzt natürlich keine Platzrunden laufen. Aber 501 "runterspielen" ist im Training eher nebensächlich, vor allem, wenn Sie alleine trainieren. Statt dessen werden Sie in erster Linie einzelne Zahlen, Felder und Checks üben und darauf hinarbeiten, jedes Feld der Scheibe zu beherrschen und Ihre Technik so zu optimieren, dass diese in Fleisch und Blut übergeht. Im Folgenden werden wir uns mit ein paar Möglichkeiten vertraut machen, die Ihnen dabei helfen, Ihre Fertigkeiten im Training zu verbessern.

Einfaches Wurftraining

Einfaches Wurftraining auf Standard- und "Problemzahlen" ist die einfachste Form des Trainings. Standard-Zahlen sind beispielsweise die 20 oder die 19, immer wiederkehrende Doppelfelder wie Double-20, Double-16 oder Double-8. Auch Bull zu beherrschen ist häufig im Spiel gefordert, sei es beim Bullen um die erste Aufnahme in einem Match oder auch zum Stellen im laufenden Spiel. Diese Felder sollten Sie sozusagen im Schlaf beherrschen. Für diese sehr häufig vorkommenden Standards empfiehlt es sich darum, Sonderschichten einzulegen, indem Sie beispielsweise einfach nur 20, 30 oder 50 Runden nur auf dieses eine Ziel spielen. Auch Problemzahlen, die Sie zum Beispiel im Spiel für sich als solche identifiziert haben, bieten sich für solche Übungssessions an. Um Ihre Fortschritte zu verfolgen und nachvollziehen zu können, sollten Sie über die Ergebnisse Buch führen. Notieren Sie sich beispielsweise, wie viele Treffer oder Punkte Sie innerhalb von 50 Runden auf die 20 oder auf die Double-16 erzielt haben. Im Optimalfall sollten Sie versuchen, sich tendenziell messbar zu steigern.

Round The Clock - Training

Nein, keine Sorge, Sie müssen keinen 24-Stunden-Marathon am Board absolvieren. Gemeint ist, die Felder der Scheibe eins nach dem anderen zu bespielen, mit oder gegen den Uhrzeigersinn ist natürlich egal. Es wird Ihnen helfen, alle Felder der Scheibe gleichmäßig gut zu treffen. Sie spielen also beispielsweise eine Runde auf die 20, die nächste auf die 1, danach auf die 18 und so weiter. Dabei können Sie sich einfach die ganzen Zahlensegmente vornehmen oder die Double- bzw. Triple-Felder oder eine Kombination daraus. Sehr effektiv für die Konzentration ist auch, sich selbst eine Regel aufzuerlegen, die besagt, dass Sie erst zur nächsten Zahl fortschreiten, wenn Sie zum Beispiel alle drei Darts im Zielsegment untergebracht haben. Sie würden also so lange auf die 20 werfen, bis Sie mit allen drei Pfeilen getroffen haben und dann erst zur 1 weitergehen. Ähnlich können Sie auch mit Doppelfeldern vorgehen, indem Sie sich vornehmen, mindestens zwei Darts im angepeilten Doppel unterzubringen, bevor die nächste Zahl an die Reihe kommt. Für den Anfang ist es sicher sinnvoll, zunächst Sicherheit auf den Single-Feldern zu gewinnen und darin eine gewisse Beständigkeit zu entwickeln. Mit der Zeit wird es dann größere Priorität gewinnen, die Triple- und Double-Felder zu trainieren, insbesondere, wenn Sie sich für den Liga- oder Turnierbetrieb fit machen wollen. Gerade hierfür ist dies eine hervorragende Methode, um Routine und vor allem Selbstsicherheit zu bekommen. Zwar werden Sie die meisten Darts in einem Wettbewerbsspiel auf die 20 (oder aber auf die 19) werfen, um erfolgreich zu sein, müssen Sie letztlich aber mit jeder Zahl zurechtkommen. Es ist einfach Gold wert, sich mit einer Triple-14 aus 74 Punkten ein Double-16-Finish stellen zu können und zwei Darts für den Check übrig zu haben. Schließlich gibt es keinen Grund anzunehmen, dass die Felder des Boards unterschiedlich schwer zu treffen wären. Dieses Problem existiert tatsächlich nur im Kopf eines Spielers. Und genau dieses Problem können Sie durch solche Trainingsspiele effektiv beheben. Wenn Sie merken, dass Sie aus unerfindlichen Gründen mit bestimmten Feldern größere Probleme haben als mit anderen, dann wissen Sie, wo Sie Sonderschichten absolvieren müssen. Regeln wie die oben beschriebene, nach der Sie so lange auf Ihr Ziel werfen müssen, bis Sie eine gewisse Anzahl Treffer erzielt haben, dosieren das automatisch für Sie.

Visuelle Hilfen

"Checken heißt das Spiel" – diesen Satz musste sich schon mancher Darter anhören, der trotz großen Vorsprungs das Spiel noch verloren hat, weil er einfach seinen Check nicht traf. Das Spiel heißt zwar immernoch Dart, aber Checken ist eben die Schlüsselqualifikation schlechthin. Aller Vorsprung ist nichts wert, wenn Sie das Spiel nicht beenden können. Beherrschen Sie aber das Checken, können Sie nicht nur souverän Ihren Vorsprung über die Ziellinie bringen, sondern auch auch Check-Schwächen eines Gegners gnadenlos ausnutzen, wenn dieser zuvor beim Scoren überlegen war. Außerdem setzen Sie durch den Ruf als starker Check-Spieler schon vor einem Match psychologische Nadelstiche, denn der Gegner weiß von vornherein darum, dass auch 100 Punkte Vorsprung dünnes Eis sein können, wenn er nicht zügig sein Checkfeld trifft. Das kann bei manchem Gegner schon an den Nerven zehren. Deshalb ist Check-Training eine der wichtigsten Übungen überhaupt. Unabhängig von Ihrem eventuellen Liga-Modus sollten Sie dabei den Double-Feldern besondere Aufmerksamkeit widmen, denn diesen werden Sie nie wirklich aus dem Weg gehen können. Selbst, wenn Sie im Normalfall Single Out spielen, bleibt Ihnen keine andere Wahl, als mit 22 Punkten Rest den Versuch auf die Double-11 zu wagen, wenn Sie nur noch einen Dart in der Hand halten. Die gute Nachricht: Gerade für dieses Check-Training gibt es effektive, visuelle Trainingshilfen, sogennannte Practice- oder Trainings-Ringe. Trainingsringe sind Kunststoffringe in verschiedenen Größen, die auf eine Steeldartscheibe gesteckt werden, wir hatten sie schon beim Equipment kurz angesprochen. Die Ringe werden um das Feld herum angebracht, das Sie aktuell trainieren möchten. Durch die Fokussierung auf das Innere des Ringes werden Sie sehr schnell feststellen, dass sich die Genauigkeit Ihrer Würfe stark verbessert. Der Ring hilft in erster Linie dabei, sich auf das darin liegende Feld zu konzentrieren und – was noch wichtiger ist – den Rest der Scheibe auszublenden.

Weiterhin kommen als visuelle Hilfen einzelne Dartspitzen oder Stecknadeln in Frage, die Sie als Zielvorgabe in das Board stecken. Versuchen Sie dann ein paar Runden, so nahe wie möglich an das selbstgesteckte Ziel heranzuwerfen. Wichtig ist dabei nicht unbedingt der exakte Treffer, sondern, dass sich Ihre durchschnittliche Abweichung immer weiter reduziert, so dass im Idealfall alle drei Darts im Durchmesser eines Zehn-Cent-Stücks landen.

Eine weitere Möglichkeit ist das weitgehende Verdecken der Scheibe, zum Beispiel mit Zeitungspapier, welches sich hierfür gut eignet. Dazu heften Sie einfach ein großes Blatt Zeitungspapier mit Dartspitzen oder Pins an das Board. Schneiden Sie dann einen kleinen Bereich um Ihre Zielfelder herum aus, beispielsweise um die Triple-20 oder das Bull. So bleibt Ihnen gar nichts anderes übrig, als den Rest des Board vollständig auszublenden.

Visuelle Hilfsmittel schärfen Ihre Konzentration und Fokussierung auf einzelne Zielfelder und -bereiche und helfen Ihnen, aktiv an Ihrer Hand-Auge-Koordination zu arbeiten.

Motorische Übungen

Es klingt zunächst vielleicht merkwürdig, ist aber sehr effektiv. Besonders, wenn Ihnen immer wieder einzelne Darts "ausrutschen", können Sie Ihre Technik mit solchen "Trockenübungen" verbessern. Motorische Übungen sind perfekt dazu geeignet, jeden einzelnen Punkt der Wurftechnik – Schwung, Wurf, Tempo und Timing – speziell unter die Lupe zu nehmen und herauszufinden, wo Sie noch technischen Nachbesserungsbedarf haben und eine homogene Wurfbewegung einzustudieren. Sie können sie jederzeit und überall durchführen. Dazu stellen Sie sich einfach so hin, wie Sie auch beim Wurf am Board stehen würden. Sie stellen sich dann Ihr Ziel vor und versuchen, die Wurfbewegung so sauber, locker und geradlinig durchzuführen, wie nur möglich. Diese Bewegung wiederholen Sie dann so oft, bis Sie das Gefühl haben, dass Sie souverän treffen würden. Sie werden sehen, dass Sie durchaus ein gutes Feeling dafür entwickeln werden, ob Ihr Wurf am richtigen Board sein Ziel gefunden hätte oder nicht. Um seinen Bewegungsablauf zu verbessern, ist es außerdem hilfreich, den Ablauf der Wurfbewegung hin und wieder in Zeitlupe zu üben, und das Tempo langsam bis zur normalen Bewegungsgeschwindigkeit zu steigern. Manchmal kann es auch sinnvoll sein, diese Übungen vor einem Spiegel auszuführen, zum Beispiel um besser zu erkennen, in welchem Winkel sie Ihren Wurfarm halten. Mit dieser Methode prägen sich die Abläufe gut ein und es wird Ihnen gelingen, die Sauberkeit der Bewegung und das Timing des Abwurfs besser zu beherrschen. Diese Trainingsmethode eignet sich auch hervorragend für das motorische Feintuning. Je öfter Sie diese Übung durchführen, umso besser überträgt sich der Bewegungsablauf in Ihr normales Spiel und Ihre Technik wird wesentlich sauberer und damit auch zuverlässiger werden. Solche Trockenübungen sind auch in anderen Sportarten ein beliebtes und effektives Training. Achten Sie einmal darauf, oftmals werden Sie zum Beispiel Skisportler, Rennrodler, Leichtathleten und sogar Boxer beobachten können, die sich kurz vor ihrem Wettkampf noch einmal auf ähnliche Weise einstimmen und den Wettkampf sozusagen nochmal im Geiste durchgehen. Ich nutze diese Übung manchmal sogar im laufenden Spiel, zum Beispiel um mich auf einen Check vorzubereiten, während mein Gegner seinen Wurf macht.

Studieren Sie die Profis

Dartübertragungen im Fernsehen waren früher eine absolute Rarität, heute können Sie sehr häufig Profispiele im TV live verfolgen. Das ist eine ausgezeichnete Gelegenheit, sich mit der Technik und den mentalen Tricks der Weltelite vertraut zu machen. Nicht, dass Sie sofort spielen könnten wie ein Weltmeister, nur weil Sie den Profis zugeschaut haben, aber diese Spieler sind selbstverständlich die besten Lehrer, die Sie kriegen können. Wenn Sie trotz allen Trainings mit Ihrer Technik unzufrieden sind, zum Beispiel mit Ihrer Wurfbewegung oder Ihrem Timing beim Abwurf, dann nutzen Sie die Chance, den Profis auf die Finger zu schauen. Jeder Spieler hat seinen eigenen Stil, in vielen Punkten werden Sie jedoch Ähnlichkeiten feststellen, an denen Sie erkennen können, was in Ihrer eigenen Technik noch verbesserungswürdig ist. Achten Sie besonders auf das, was Ihnen die größten Probleme verursacht und darauf, wie verschiedene Spieler dieses Problem für sich gelöst haben. Gut abgeguckt ist immer besser als schlecht selber gemacht.

Vielleicht bekommen Sie ja sogar einmal die Chance, im Rahmen einer sogenannten "Exhibition" einem Profi live vor Ort und aus nächster Nähe auf die Finger schauen oder sogar selbst ein Leg gegen ihn spielen zu können. Wenn Sie Augen und Ohren offenhalten, werden Sie sicher irgendwann ein solches Event auch in Ihrer näheren Umgebung finden. Und letztlich ist es auch immer eine gute Chance, ein Autogramm und ein Foto mit einem echten Profi zu ergattern.

Checken – Checkwege und -taktik
Des einen Freud, des anderen Leid – aber ohne Check kein Sieg. Sie können eine Schachpartie gewinnen, ohne Matt zu setzen – meist gibt der Gegner auf, wenn die Lage aussichtslos ist. Beim Dart dürfen Sie auf eine Aufgabe des Gegners hingegen nicht hoffen, Sie werden es schon zu Ende bringen müssen. Grund genug, uns mit dem Thema Checken ein wenig ausführlicher zu befassen.

Grundsätzliches zur Checktaktik

Checktaktik ist eigentlich nichts anderes als Mathematik gepaart mit gesundem Menschenverstand. Eventuell kennen Sie das Phänomen aus der Arbeitswelt: Es gibt Menschen, die soviel Blödsinn anrichten, dass es drei Kollegen braucht, nur um den Schaden wieder zu beheben, den einer angerichtet hat. Vielleicht kennen Sie solche Kollegen. Bezogen auf das Checken gilt: Seien Sie sich nicht selbst so ein Kollege. Denn auf dem Weg zum Check kann man sich leicht selbst ein Bein stellen. Und manchmal kann es ganz schön schwierig sein, aus dem angerichteten Schlamassel wieder herauszukommen. Im Ernstfall müssen Sie zwar tatsächlich jede mögliche Zahl checken können, aber Sie sollten alles daran setzen, auf eine taktisch möglichst sinvolle Zahl zu kommen, die Ihnen das Checken leichter (und überhaupt möglich) macht. Ansonsten kann es Ihnen passieren, dass Sie mehrere Darts brauchen, um aus einer Sackgasse wieder herauszukommen, in die Sie sich mit einem einzigen Dart hineinmanövriert haben. Und wer sich in einem Master-Out-Spiel von einem Rest von 43 Punkten zuerst auf 23 und dann auf die 11 stellt, hat eine ganze Runde ohne Checkchance verschenkt. Und vielleicht das ganze Spiel, denn wer weiß, ob man nochmal drankommt.

Auch bei Profis werden Sie immer wieder erkennen, dass es zwei dominierende Lieblingszahlen gibt, auf die sich die meisten Profispieler stellen, um möglichst einfach checken zu können: Double-20 und Double-16. Die Double-20 ist daher so beliebt, weil praktisch alle Spieler in der Weltspitze grundsätzlich auf die 20 werfen, von daher liegt es in Ihrer Lieblingsrichtung und die Rechenwege bleiben sehr einfach. Die Double-16 ist eine Zweierpotenz, nämlich 2 hoch 4. Warum das wichtig ist, dazu gleich mehr.

Je nachdem, welchen Modus Sie spielen (Single, Double oder Master Out) wird Ihre Checktaktik etwas variieren. Zwei grundsätzliche Dinge müssen Sie jedoch immer beachten: Beginnen Sie so früh wie möglich damit, sich Ihren Check auszurechnen und diesen Plan zu verfolgen und gehen Sie, wenn möglich, einen Weg, bei dem ein Fehlwurf Sie nicht direkt in maximale Schwierigkeiten bringt. Oder mit anderen Worten: Haben Sie immer einen Plan B für den Fall, dass der nächste Dart nicht dort landet, wo Sie ihn gern hätten.

Beginnen wir mit der frühen Planung: Je nach Spiel können Sie maximale Zahlen von 170 oder 180 checken. Einem Anfänger mag es vielleicht albern vorkommen, wenn man ihm sagt, er solle jetzt schon versuchen, eine dieser Zahlen auszumachen, aber von nichts kommt nichts. Gerade Einsteiger beginnen meist viel zu spät mit dem Rechnen, was sich gegen etwas routiniertere Gegner schnell rächen kann. In den meisten Fällen werden Sie auch gar nicht auf der 170 oder 180 landen – falls aber doch: Versuchen Sie es! Wenn Sie es nicht versuchen, kann es nicht klappen und das verschlimmert sich durch den Versuch jedenfalls nicht. Manchmal werden Sie einen guten Darter sehen, der beispielsweise 140 oder 160 checkt. Dann denken Sie vielleicht: "Menschenskind, wie hat er das gemacht??" Naja, die Antwort ist: Er hat es halt vor allem versucht.

Meistens wird die erste checkbare Zahl, auf der Sie landen vielleicht die 164 oder 154 sein oder irgendetwas in der Art. Und an dieser Stelle sollten Sie tatsächlich beginnen zu rechnen. Es gibt kaum etwas Ärgerlicheres, als nach zwei Treffern in der Triple-20 festzustellen, dass man mit dem dritten Dart nicht ausmachen kann. Nehmen wir einmal an, Ihr Rest in einem Double-Out-Spiel war 139 und Sie haben genau diese beiden Triple-20er geworfen, dann bleiben Ihnen 19 Rest. Das ist ungünstig. Noch ungünstiger wird es dann, wenn Sie beim Versuch, nun eine 3 zum Stellen zu werfen, die 19 treffen und Ihre ganze tolle Runde futsch ist. Deshalb ist es wichtig, frühzeitig mit dem Rechnen zu beginnen.

Checkwege und -Tabellen

Gerade bei Einsteigern ist es zunächst einmal verständlich, dass diese aufgrund mangelnder Erfahrung hohen Finishes verhältnismäßig skeptisch gegenüberstehen. Es ist aber wichtig zu verstehen, dass, je kleiner die verbliebene Punktzahl wird, immer weniger Optionen für einen Check zur Verfügung stehen. Die Double-1 ist sicherlich das härteste Beispiel hierfür. Nicht selten sieht man Anfänger in Runde 30 gemeinsam am sogenannten "Mad House" verzweifeln. Deshalb sollten Sie, wie schon beschrieben, so früh wie möglich die Option des Checkversuchs wahrnehmen. Aber nicht jeder Weg ist gleichmäßig erfolgversprechend. Auf dem Weg zum Check ist es wichtig, sich so viele Wege und Chancen offen zu lassen wie möglich. Das ist der Grund, warum so viele Spieler ihr Glück in einer Zweierpotenz suchen, was auch vernünftig ist.

Zweierpotenz? Wir wollen nicht Mathematik studieren, wir wollen darten! Ok, für alle, die mit dem Begriff nicht viel anfangen können, einmal ganz einfach erklärt. Eine Zweierpotenz ist eine Zahl, die sich aus der Multiplikation von Zweien ergibt, zum Beispiel: $2 \times 2 = 4$, $4 \times 2 = 8$, $8 \times 2 = 16$, $16 \times 2 = 32$. Die 32 ist also die höchste, mit einem einzelnen Dart checkbare Zweierpotenz. Pfeile, die das Doppelfeld verfehlen und außerhalb der Scheibe landen, verändern Ihr Punktekonto ohnehin nicht und richten keinen Schaden an. Aber allein für die Psyche ist es wichtig, sorgenfrei werfen, also auch getrost mit einem Single-Treffer leben zu können. Nehmen wir einmal ein Gegenbeispiel. Wenn Sie beispielsweise einen Rest von 14 Punkten haben, gilt zwar ebenfalls: Landet der Dart außerhalb der Scheibe, haben Sie nach wie vor eine Checkchance. Landet der Pfeil jedoch innerhalb der Scheibe in der Single-7, dann war's das erst einmal (sofern Sie nicht gerade Single Out spielen – aber dann hätten Sie ohnehin nicht auf die 7 werfen sollen). Sie werden sich dann zunächst erst wieder eine checkbare Zahl stellen müssen – auch dabei sah man bereits Einsteiger und auch routinierte Spieler verzweifeln, denn wenn Sie plötzlich die 3 brauchen, die Sie zuvor mit an Perfektion grenzender Genauigkeit bei jedem Wurf auf die 19 getroffen haben, dann läuft es jetzt genau umgekehrt. Ein Wurf in die 19 oder 17 bringt Ihnen direkt eine No-Score-Runde ein und verschiebt Ihr Problem gleichzeitig ungelöst in die nächste Runde. Wenn Ihnen das zwei oder drei Mal passiert, ist der Gegner, der schon geschlagen schien, plötzlich wieder voll da. Das können Sie nicht wirklich gebrauchen.

Genau darum empfiehlt es sich, Zweiterpotenzen als Checkweg ganz fest in sein Repertoire einzubauen. Hier bringt nämlich jeder Dart in ein Single der Zahl, die Sie eigentlich doppelt treffen wollten, die nächstniedrigere Zweierpotenz als Restpunktzahl – und die ist immer mit einem Dart checkbar. Sie gehen also im schlimmsten Falle von der Double-16 zur Double-8, zur Double-4, Double-2 und schließlich zur Double-1 über. Sie behalten immer die Option, mit dem nächsten Dart das Spiel auszumachen. Bei einem Double-Out-Spiel müssen Sie also nicht lange nachdenken: Sind Sie beispielsweise mit 32 Restpunkten in die aktuelle Runde gestartet und haben nach 2 Darts – aus welchen Gründen auch immer – einen Restscore von 3: Überwerfen Sie das Ding einfach und stellen sich zurück auf Ihre schöne 32. Wenn Sie nicht der absolute Mad-House-Spezialist sind, ist die 32 immer die bessere Option als eine möglicherweise zu stellende Double-1 als Rest. Auf die 30 Punkte können Sie dabei getrost pfeifen, denn für die können Sie sich nichts kaufen. Im Gegenteil, sie könnten Sie eher teuer zu stehen kommen. Einzige Ausnahme: In einem Doppel-/Teamspiel kann, je nach Spielstand, etwas anderes gelten (weil sonst z. B. Ihr Partner im Block steht oder der Gegner nicht geblockt würde). In einem Master Out Spiel würden Sie natürlich den Checkversuch auf der Triple-1 wagen, es sei denn, Ihr Gegner liegt noch sehr weit zurück. Auch dann kann es taktisch besser sein, zu seiner 32 zurückzukehren.

Ok, spielen wir ein paar Beispiele durch. Was wäre Ihre Wahl bei einem Rest von 76? Bei einem Single-Out-Spiel können Sie hier getrost auch auf die 19 werfen, denn vier mal 19 sind 76. Es ist auch egal, ob Sie mit dem ersten oder dem zweiten Dart die Triple-19 treffen, denn Sie können ja mit der einfachen 19 trotzdem noch ausmachen. Bei einem Double-Out-Spiel sieht die Sache schon ein wenig anders aus. Hier empfiehlt sich eindeutig der Weg über die 20. Mit einer Triple-20 würden Sie direkt auf einem Rest von 16, also Doppel-8 landen, mit einer einfachen 20 blieben 56. Mit dem nächsten Dart in der 16 hätten Sie also ein Tops-Finish. Und noch besser: Landet der Dart in der Triple-16 (Rest 8), der Triple-8 (Rest 32), der 8 (Rest 48), der Double-16 (Rest 24) oder der Double-8 (Rest 40) bleiben Ihnen immer sehr gute Zahlen für den Rest des Spiels. Genau das ist gemeint, wenn wir davon reden, sich möglichst viele Wege offen zu halten.

Nehmen wir einmal den Rest 86. Würfe auf die 19 sind hier überhaupt keine Option. Würfe auf die 20 würden auf den ersten Blick funktionieren, Sie könnten auf einem 26er Finish landen – aber Double-13 ist nicht wirklich eine schöne Option. Daher empfiehlt sich hier die Triple-18 als Ziel, wonach 32 Rest blieben; bei einer getroffenen einfachen 18 wären 68 übrig. An dieser Stelle müssen Sie sich entscheiden – 18 oder 20? Antwort: Bei Master-Out-Spielen sollten Sie die 20 bevorzugen, da Sie auch einen Rest von 48 ausmachen dürfen. In einem Double-Out-Spiel kann auch eine 18 für 50 Rest eine gute Variante sein. Es sei denn (und das müssen Sie immer berücksichtigen): Ihr Gegner liegt so weit zurück, dass Sie noch Zeit haben, sich ein angenehmeres Finish zu stellen. Das Double Bull ist nun mal das kleinste Feld auf dem Board und wenn Sie es verfehlen, bleibt Ihnen zu allem Überfluss oft auch noch ein ungerader Rest.

Da wir schon beim Thema Bull sind: Was machen wir mit einer 101 Rest? Wenn Sie Double Out spielen müssen und demnach die Triple-17 keine Option für den letzten Dart darstellt, macht es Sinn, den ersten Dart auf die Triple-17 zu versuchen. Sollten Sie einfach treffen, bleibt Ihnen mit einem Rest von 84 ein brauchbarer Rest übrig, Sie würden dann wohl mit einem Versuch auf die Triple-20 fortfahren. Treffen Sie hingegen das angepeilte Triple, haben Sie – sofern Ihnen noch 2 Darts übrig geblieben sind – die Wahl zwischen einer einfachen 18 für 32 Rest und dem direkten Versuch auf Double Bull. Da selbst für Profis das Double Bull meist eine relativ unsichere Wette darstellt, sollten Sie überlegen, der ersten Variante den Vorzug zu geben. Zwar bleibt Ihnen dann nur noch ein Dart für das Check-Out übrig, aber wenn Sie Ihr Double Bull verfehlen und stattdessen das einfache Bull treffen, hätten Sie ebenfalls nur einen Checkdart gehabt. Trauen Sie sich hingegen zu, die Mitte der Scheibe zu treffen, dann ist das Ihre Option.

Bei Master oder Single Out haben Sie jedoch durchaus die Option, sich zunächst am Double Bull zu versuchen und dann zur Triple-17 überzugehen. Ein Treffer im Single Bull würde Sie auf einen Rest von 76 bringen, Sie wären dann in der weiter oben beschriebenen Situation und würden entsprechend fortfahren. Hier ist also der Einstieg über das Bullseye eine sehr gute Option.

Als Letztes nehmen wir uns noch eine Zahl vor, die Ihnen mit der Zeit ebenfalls häufiger begegnen wird, die 74. Hier ist es praktisch obligatorisch, auf die Triple-14 zu zielen. Treffen Sie diese, so haben Sie ein hübsches 32er-Finish, treffen Sie einfach, können Sie mit der 60 – je nach Check-Modus – fortfahren.

Es ist im Grunde relativ einfach, einen guten Checkweg zu finden, es braucht eben nur ein wenig Routine. Dabei hilft Ihnen auch, wenn Sie sich Profimatches im Fernsehen anschauen. Dort werden Sie rasch feststellen, dass die meisten Profis dieselben Optionen wählen, wenn sie die gleichen Finishes vor sich haben. Teilweise müssen Sie für sich andere Checkwege ergründen, wenn Sie gerade nicht Double Out spielen. Aber im Grunde genommen ist die Idee dahinter immer dieselbe.

Speziell Anfänger, die noch häufiger Single Out spielen, sollten Zahlen bevorzugen, deren Nachbarfelder nicht dazu führen, direkt überworfen zu haben. Ein Fehlwurf auf ein Nachbarfeld der 15 lässt Ihnen eine zweite Chance, treffen Sie bei einem Rest von 7 ein Nachbarfeld, ist die Runde erstmal vorbei.

Die Möglichkeiten, sich selbst in Schwierigkeiten zu bringen und daraufhin selbst einen großen Vorsprung zu verspielen, wenn man einmal in einer Sackgasse gelandet ist, sind schier unendlich. Mit ein wenig rechtzeitiger Überlegung lässt sich dies aber verhältnismäßig einfach vermeiden. Überlegen Sie gut, wählen Sie Ihren Weg mit Bedacht, das ist schon die halbe Miete. Hilfe und Orientierung gibt Ihnen zusätzlich die folgende Check-Tabelle.

Hier finden Sie Checkwege für alle checkbaren Zahlen in den

Spielmodi Single Out, Double Out und Master Out von 180 bis einschließlich 90 Punkten. Bei einigen Zahlen sind – sofern möglich und sinnvoll – auch alternative Checkwege mit aufgeführt. Ebenso gibt es bei vielen Zahlen auch noch etliche weitere rechnerisch mögliche Checkwege, die dennoch nicht mit aufgeführt werden. Erstens, weil es zu umfangreich wäre, wirklich alle möglichen Wege darzustellen, zweitens aber auch, weil ich Ihnen besonders Wege ans Herz legen möchte, die Ihnen bei Fehlwürfen – soweit es geht – möglichst gute Alternativen offen lassen. So kann ich Ihnen natürlich nicht guten Gewissens raten, 32 Punkte mit Triple-4, Single-5, Triple-5 zu checken. Auch ist der Versuch, einen 160er-Check über den Weg Triple-20 und zwei Double Bulls zu erledigen, zwar ein echter Hingucker, aber in den meisten Fällen doch nicht wirklich eine überragende Idee. In einem Single-Out-Spiel ist es sicher sinnvoll, 39 Punkte mit je einer Single-19 und einer Single-20 zu checken. Sie können sich aber auch dafür entscheiden, drei Single-13-Würfe zu machen, wenn Sie beständig werfen können. Der Vorteil dabei ist der, dass Sie mit einem Triple-Treffer im ersten Versuch checken würden, anstatt zu überwerfen, wie es bei einer Triple-19 der Fall wäre. Die Entscheidung liegt bei Ihnen. Daher möchte ich mich hier darauf beschränken, Ihnen eine kleine Auswahl praktikabler Lösungswege aufzuzeigen. Am Ende liegt es an Ihnen, welcher Weg Ihnen am besten zusagt. Im Übrigen ist anzumerken, dass alle Finishes natürlich abwärts kompatibel sind, d. h. D.O.-Finishes können Sie natürlich auch in M.O.-Spielen anwenden, D.O.- und M.O.-Finishes selbstverständlich auch in S.O.-Spielen. Nur umgekehrt geht es natürlich nicht. In sehr vielen Fällen ist es ohnehin sinnvoll, auch in S.O.-Spielen die Abkürzung über einen Doppel- oder Dreifach-Check zu versuchen. Deshalb finden Sie in der Tabelle auch zu einigen Zahlen keinen speziellen S.O.-Vorschlag. Und nur keine Angst, auch wenn diese Tabelle für einen

Neueinsteiger auf den ersten Blick bedrohlich aussieht. Mit der Zeit werden der Inhalt dieser Tabelle und die Checkwege für die einzelnen Finishes für Sie so selbstverständlich sein, dass Sie überhaupt keine Tabelle als Hilfestellung mehr benötigen. Ja, ganz sicher.

	Double Out	Master Out	Single Out
180	-	**T20 T20 T20**	**s. M.O.**
177	-	T20 T20 T19	s. M.O.
174	-	**T20 T20 T18**	**s. M.O.**
		T19 T19 T20	
171	-	T20 T20 T17	s. M.O.
		T19 T19 T19	
170	**T20 T20 DB**	**s. D.O.**	**s. D.O.**
168	-	T20 T20 T16	s. M.O.
167	**T20 T19 DB**	**s. D.O.**	**s. D.O.**
165	-	T20 T20 T15	s. M.O.
		T20 T19 T16	
164	**T20 T18 DB**	**s. D.O.**	**s. D.O.**
	T19 T19 DB		
162	-	T18 T18 T18	s. M.O.
		T19 T19 T16	
161	**T20 T17 DB**	**s. D.O.**	**s. D.O.**
	T19 T18 DB		
160	T20 T20 D20	s. D.O.	s. D.O.
159	-	**T20 T20 T13**	**s. M.O.**
		T20 T19 T14	
158	T20 T20 D19	s. D.O.	s. D.O.
	T18 T18 DB		
157	**T20 T19 D20**	**s. D.O.**	**s. D.O.**
156	T20 T20 D18	s. D.O.	s. D.O.
		T18 T18 T16	s. M.O.

155	**T20 T15 DB** **T20 T19 D19**	**s. D.O.**	**s. D.O.**
154	T20 T18 D20 T19 T19 D20	s. D.O.	s. D.O.
153	**T20 T19 D18**	**s. D.O.** **T17 T17 T17**	**s. D.O.** **s. M.O.**
152	T20 T20 D16 T19 T19 D19 T17 T17 DB	s. D.O.	s. D.O.
151	**T20 T17 D20**	**s. D.O.**	**s. D.O.**
150	T20 T18 D18 T19 T19 D18	s. D.O.	s. D.O.
149	**T20 T19 D16**	**s. D.O.**	**s. D.O.**
148	T20 T20 D14 T20 T16 D20 T18 T18 D20	s. D.O.	s. D.O.
147	**T19 T18 D18**	**s. D.O.** **T20 T20 T9**	**s. D.O.** **s. M.O.**
146	T19 T19 D16 T20 T18 D16	s. D.O.	s. D.O.
145	**T20 T19 D14**	**s. D.O.** **T20 SB T20**	**s. D.O.** **s. M.O.** T20 T20 SB
144	T20 T20 D12 T19 T19 D15 T18 T18 D18	s. D.O.	s. D.O.
143	**T20 T17 D16** **T19 T18 D16** **T19 DB D18**	**s. D.O.**	**s. D.O.**
142	T20 T14 D20 T19 T19 D14 T20 DB D16	s. D.O.	s. D.O.

94

141	**T20 T19 D12** **T17 T18 D18** **T17 DB D20**	**s. D.O.**	**s. D.O.**
140	T20 T20 D10 T20 T16 D16	s. D.O.	s. D.O.
		T20 S20 T20	s. M.O. T20 T20 S20
139	**T20 T13 D20** **DB T19 D16**	**s. D.O.**	**s. D.O.**
		T20 S19 T20	**s. M.O.** **T20 T20 S19** **T19 T19 SB**
138	T20 T18 D12 T19 T19 D12	s. D.O.	s. D.O.
		T20 S18 T20	s. M.O. T20 T20 S18
137	**T19 D20 D20** **T19 T16 D16**	**s. D.O.**	**s. D.O.**
		T19 S20 T20	**s. M.O.** **T20 T20 S17**
136	T20 T20 D8 T16 T16 D20	s. D.O.	s. D.O.
		T20 S16 T20 T19 S19 T20	s. M.O. T20 T20 S16
135	**T15 T18 D18**	**s. D.O.**	**s. D.O.**
		T20 S15 T20	**s. M.O.** **T20 T20 S15**
134	T19 T19 D10	s. D.O.	s. D.O.
		S20 T20 T18	s. M.O. T20 T20 S14 T19 T19 S20

133	**T20 T19 D8**	**s. D.O.**	**s. D.O.**
		T19 S19 T19	**s. M.O.**
			T20 T20 S13
			T19 T19 S19
132	T20 T16 D12	s. D.O.	s. D.O.
		T20 S18 T18	s. M.O.
			T20 T20 S12
131	**T19 T14 D16**	**s. D.O.**	**s. D.O.**
		T20 S20 T17	**s. M.O.**
			T19 T19 S17
130	T19 T19 D8	s. D.O.	s. D.O.
		T19 S19 T18	s. M.O.
			T19 T19 S16
129	**T19 T16 D12**	**s. D.O.**	**s. D.O.**
		T20 S15 T18	**s. M.O.**
			T19 T19 S15
128	T20 T20 D4	s. D.O.	s. D.O.
		T20 S20 T16	s. M.O.
			T19 T19 S14
127	**T19 T10 D20**	**s. D.O.**	**s. D.O.**
		T19 S10 T20	**s. M.O.**
			T19 T20 S10
126	T20 T14 D12	s. D.O.	s. D.O.
		T20 S18 T16	s. M.O.
			T19 T19 S12
125	**T20 SB D20**	**s. D.O.**	**s. D.O.**
		T20 S17 T16	**s. M.O.**
			T20 T20 S5
124	T20 T16 D8	s. D.O.	s. D.O.
	T20 T20 D2		
		T20 S16 T16	s. M.O.
			T20 T16 S16

123	**T19 T14 D12**	**s. D.O.**	**s. D.O.**
		T20 S15 T16	**s. M.O.**
			T18 T18 S15
122	T20 T18 D4	s. D.O.	s. D.O.
		T20 S20 T14	s. M.O.
			T18 T18 S14
121	**T20 SB D18**	**s. D.O.**	**s. D.O.**
		T19 S16 T16	**s. M.O.**
			T18 T18 S13
120	T20 S20 D20	s. D.O.	s. D.O.
		T20 T20	s. M.O.
119	**T20 S19 D20**	**s. D.O.**	**s. D.O.**
		S20 T19 T14	**s. M.O.**
			T17 T17 S17
118	T20 S18 D20	s. D.O.	s. D.O.
		T18 S16 T16	s. M.O.
			T18 T16 S16
117	**T19 S20 D20**	**s. D.O.**	**s. D.O.**
		T19 T20	**s. M.O.**
116	T19 S19 D20	s. D.O.	s. D.O.
		T20 S8 T16	s. M.O.
115	**T20 S15 D20**	**s. D.O.**	**s. D.O.**
114	T18 S20 D20	s. D.O.	s. D.O.
		T19 T19	s. M.O.
		T18 T20	s. M.O.
113	**T20 S13 D20**	**s. D.O.**	**s. D.O.**
112	T18 S18 D20	s. D.O.	s. D.O.
111	**T17 S20 D20**	**s. D.O.**	**s. D.O.**
		T17 T20	**s. M.O.**

110	T20 DB	s. D.O.	s. D.O.
	S20 T18 D18		
		DB T20	s. M.O.
			T20 SB SB
109	**T19 S12 D20**	**s. D.O.**	**s. D.O.**
	S19 T18 D18		
	T20 S17 D16		
108	T20 S16 D16	s. D.O.	s. D.O.
		T20 T16	s. M.O.
		T18 T18	
107	**T19 DB**	**s. D.O.**	**s. D.O.**
	T19 S10 D20		
		DB T19	**s. M.O.**
			T19 SB SB
106	T20 S14 D16	s. D.O.	s. D.O.
	S20 T18 D16		
105	**T19 S16 D16**	**s. D.O.**	**s. D.O.**
		T19 T16	**s. M.O.**
			T20 SB S20
104	T20 S12 D16	s. D.O.	s. D.O.
			T20 SB S19
103	**T19 S14 D16**	**s. D.O.**	**s. D.O.**
102	T20 S10 D16	s. D.O.	s. D.O.
		T20 T14	s. M.O.
		T17 T17	
101	**T17 DB**	**s. D.O.**	**s. D.O.**
	T17 S18 D16		
100	T20 D20	s. D.O.	s. D.O.
		S20 S20 T20	
			T20 S20 S20

98

99	**T20 S7 D16**	**s. D.O.**	**s. D.O.**
		T19 T14	**s. M.O.**
		S19 S20 T20	
			T20 S20 S19
98	T20 D19	s. D.O.	s. D.O.
		S19 S19 T20	s. M.O.
			T20 S19 S19
97	**T19 D20**	**s. D.O.**	**s. D.O.**
		S19 S18 T20	**s. M.O.**
			T20 S20 S17
96	T20 D18	s. D.O.	s. D.O.
		S20 S16 T20	s. M.O.
			T20 S20 S16
95	**T19 D19**	**s. D.O.**	**s. D.O.**
		S19 S19 T19	**s. M.O.**
			T19 S19 S19
94	T18 D20	s. D.O.	s. D.O.
		S20 S20 T18	s. M.O.
			T18 S20 S20
93	**T19 D18**	**s. D.O.**	**s. D.O.**
		S20 S13 T20	**s. M.O.**
			T19 S18 S18
92	T20 D16	s. D.O.	s. D.O.
		S20 S18 T18	s. M. O.
			S20 T18 S18
91	**T17 D20**	**s. D.O.**	**s. D.O.**
		S20 S20 T17	**s. M.O.**
			T17 S20 S20
90	T18 D18	s. D.O.	s. D.O.
		T20 T10	s. M.O.
			T18 S18 S18

Psychologie des Dartens

Die besondere Schwierigkeit an der Psychologie des Dartspiels ist die mit diesem Spiel verbundene Schizophrenie. Ja, das haben Sie richtig verstanden – Schizophrenie. Das klingt furchtbar, ich weiß. Aber ich werde versuchen, es Ihnen so gut wie möglich zu beschreiben. Ihr Gehirn kennt grundsätzlich zwei Instanzen, Entscheidungen zu treffen, die bewusste Ebene und die un- bzw. unterbewusste. Das ist nicht nur beim Darten so, sondern in unserem gesamten Alltag. Die meisten Dinge in unserem Leben tun wir vollkommen ohne uns bewusst darüber Gedanken zu machen. Wir atmen unbewusst, wir denken nicht darüber nach, wie wir unsere Muskeln bewegen müssen, wenn wir gehen, lachen oder essen. Und einige Menschen denken nicht mal nach, wenn sie reden. Kein Mensch versucht, bewusst seine Gesichtsmuskulatur zu steuern, um zu lächeln, niemand denkt darüber nach, wie er Lippen und Zunge bewegen muss, um ein bestimmtes Wort auszusprechen. Wir machen es einfach und es geschieht automatisch. Nach einiger Zeit der Übung fahren wir auch Auto nach demselben Prinzip. Vielleicht hatten Sie in Ihren ersten Fahrstunden auch das Problem, alles bewusst steuern und nur keinen Fehler machen zu wollen. Das Ende vom Lied ist dann: Ganz schlechtes Fahren. Denn gerade dann verzetteln wir uns. Genauso ist es auch beim Darten. Viele Vorgänge können wir überhaupt nicht bewusst steuern, sondern sind darauf angewiesen, dass sie automatisch ablaufen, wenn wir es wollen. Wenn wir versuchen, jede kleinste Bewegung ganz bewusst zu steuern, werden wir nervös, ungenau und machen alles verkehrt. Sie können das sehr gut mit einem Fußballspieler vergleichen. Im Vollsprint dribbelt er mit unglaublicher Geschwindigkeit um seine Gegner herum und schießt den Ball unhaltbar in den Winkel. Alles ganz intuitiv. Beim entscheidenden Elfmeter, der viel einfacher zu verwandeln wäre als das Dribbling, will er den Ball ganz bewusst punktgenau schießen und vor allem: Bloß keinen Fehlschuss verursachen! Und genau das kommt dann dabei heraus. Wir fragen uns dann: "Wie kann so ein Edeltechniker einen ruhenden Ball so weit drübersemmeln?" Tja, er hatte zuviel Zeit zum Nachdenken, und das ist oft gar nicht gut. Genau das Problem haben wir beim Darten. Im übertragenen Sinne könnte man sagen: Darten ist nur Elfmeterschießen. Einerseits müssen Sie bewusst bei der Sache sein, Ihren Check ausrechnen und sich gezielt für Ihren Wurf hinstellen, auf der anderen Seite müssen Sie für die Ausführung Ihres Wurfs den Kopf und das Denken ausschalten. Sie müssen also gleichzeitig denken und nicht denken. Und genau diese Schizophrenie erschwert uns das Spiel. Und wenn sich einmal Unsicherheit in Ihr Spiel eingeschlichen hat, ist es schwierig, das kurzfristig wieder in den Griff zu bekommen. Wie Sie genau das schaffen oder von vornherein solche Probleme vermeiden können, damit wollen wir uns nun ein wenig beschäftigen. Wenn Sie wissen, wie Sie mit solchen Situationen umgehen müssen, wird Ihnen das in Liga- und Turnierspielen eine große Hilfe sein.

Mentale Stärke

Neben einer guten und sauberen Technik ist mentale Stärke die zweite wesentliche Hauptzutat für ein gutes Dartspiel. Beide Faktoren zusammen ergeben letztlich Ihre Spielstärke. Keins von beiden ist alles, aber ohne das jeweils Andere ist alles nichts, so könnte man sagen. Abgesehen vom mentalen Einfluss des Gegners – auf den wir im nächsten Schritt zu sprechen kommen werden – findet die Entscheidung über Ihre mentale Stärke in Ihrem Kopf statt – und nur da. Ihre Gedanken sind also auf sich allein gestellt, und das kann zu einem ganz schönen Problem werden. Je mehr Sie sich jedoch mit einem Problem befassen und es als schwerwiegend betrachten, umso mehr beeinflusst es Ihr

Spiel und Ihre Leistung – und schon haben wir einen hübschen Teufelskreis. Daher ist Ihre hauptsächliche Aufgabe bei der Entwicklung mentaler Stärke, Ruhe und Gelassenheit zu entwickeln. Je mehr Sie sich an einer schlechten Serie "festfressen", umso mehr gewinnt dieses Problem die Oberhand über Ihre mentale Verfassung.

"Das ist heute absolut nicht mein Tag", so einen Satz hat wohl jeder Darter schon eimal von sich gegeben, wenn die Pfeile einfach nicht so fliegen wollten, wie sie sollten. Leider ist es auch eine sich selbst erfüllende Prophezeihung. Der Glaube ist psychologisch betrachtet immer stärker als der reine Wille. Vielleicht haben auch Sie schon Dinge in Ihrem Leben zu erzwingen versucht, wenn Sie etwas unbedingt wollten. Und wahrscheinlich werden Sie mir zustimmen, wenn ich sage, dass die Chancen, sein Ziel zu erreichen, immer schlechter werden, je mehr man verkrampft, ähnlich unserem Elfmeterschützen. In diesem Verkrampfen steckt bereits die Befürchtung, den Wurf daneben zu setzen und damit die selbsterfüllende Prophezeihung des Versagens. Das können wir nicht gebrauchen, wir brauchen das genaue Gegenteil. Der feste Glaube an den Erfolg lässt Sie gelassener werden und lockerer an eine Aufgabe herangehen. Wenn der Glaube verlorengeht, reißt der Wille allein nichts mehr raus – statt dessen werden wir mit jedem Fehlwurf immer unsicherer und frustrierter. Selbst bei professionellen Spielern werden Sie genau das beobachten. Die stärksten Spieler der Welt haben genau da ihre besondere Stärke: Sich aus einer solchen Lage zu befreien und den verlorenen Faden von einer Minute zur anderen wiederzufinden.

Wie können wir nun unseren Glauben an unseren Erfolg stärker machen? Nun, ein Faktor ist ganz sicher positive Erfahrung. Der menschliche Verstand greift bei allen Berechnungen, die unser Gehirn ausführt, immer auf Erfahrungswerte zurück. Auf diese Weise kommen wir einfacher und schneller zu einer brauchbaren und wahrscheinlichen Prognose. Deshalb haben einige Menschen Angst vor Hunden, weil sie zum Beispiel als Kind schon einmal gebissen worden sind. Andere haben Lampenfieber vor Prüfungen, weil Prüfungen ihnen oft Schwierigkeiten bereitet haben. Und schließlich gibt es Menschen, die aufgehört haben, etwas zu versuchen, weil es nie funktioniert hat. Wir erinnern uns an unsere vergangenen Erfahrungen und stellen eine Prognose für die Zukunft, das liegt einfach in unserer Natur. Das kann beim Vermeiden heißer Herdplatten sehr nützlich sein, beim Darten hat diese Medaille jedoch zwei Seiten, je nachdem, ob Sie denken: "Den Wurf kann ich" oder: "Das ist bis jetzt immer schief gegangen". Auch und gerade deshalb sind positive Trainingserfahrungen wichtig. Wenn Sie erst einmal die 20 getroffen haben, wissen Sie, dass Sie das grundsätzlich können. Also können Sie auch mit zunehmender Gelassenheit an diese Aufgabe herangehen. Mit der Weile werden Sie die 20 immer häufiger treffen, bis Sie sie irgendwann praktisch im Schlaf werfen können. Auf dem Weg dahin werden Sie immer öfter auch die Triple-20 treffen, was Ihnen sagt, dass Sie auch diese beherrschen. Von diesen positiven Erfahrungen zehren Sie, wenn Sie beispielsweise ein Finish von 100 Punkten vor sich haben. Sie wissen, dass Sie so etwas in der Art schon einmal getroffen haben, also warum nicht auch jetzt? Wenn Sie sich eine gute Grundtechnik angeeignet haben, ist es nicht notwendig, nervös zu werden. Denken Sie niemals, wie schwer es sein kann, sondern nur, dass Sie jetzt den Sieg einfahren können und dass es absolut möglich ist! Vertrauen Sie auf Ihr Können – denn dass Sie es können, wissen Sie ja aus eigener Erfahrung!

Man könnte also sagen, dass es entscheidend ist, wie Sie das Spiel betrachten, ob Sie es für schwierig oder für einfach halten. Je mehr Sie es für schwierig halten, umso schwieriger wird es auch für Sie werden. Halten Sie es hingegen für sehr leicht, dann wird das Ihrem Erfolg guttun. Deshalb möchte ich Ihnen hier zwei, drei Überlegungen mit auf den Weg geben, die Ihnen dabei helfen werden.

Messen Sie sich mit Besseren
Jetzt denken Sie vielleicht: "Wie soll ich positive Erinnerungen sammeln, wenn ich ständig mit Leuten spiele, gegen die ich fast immer verliere?" Das ist die falsche Denkweise. Wenn Sie vorhaben, Ihr Dartspiel zu verbessern, müssen Sie sich Herausforderungen stellen. Dabei ist es von großer Bedeutung, sich permanent mit stärkeren Spielern zu messen, da Sie logischerweise von eben diesen lernen können. Wenn Sie immer nur mit gleichstarken oder schwächeren Spielern spielen, wird das Ihrer Leistungsstärke nicht denselben Schub bringen wie das Spiel mit stärkeren Gegnern. Bei diesen können Sie sich technische Details abschauen und – was noch wichtiger ist – es hat einen psychologischen Effekt. Auch, wenn Sie sich anfangs möglicherweise mit dem Leistungsniveau überfordert fühlen, mit der Zeit werden Sie nicht nur Ihr Spiel verbessern, sondern auch beginnen, das höhere Level als völlig normal und selbstverständlich anzusehen. Je selbstverständlicher ein gutes Spiel für Sie wird, umso leichter wird es auch für Sie, konstant gut zu spielen. Sie werden den Respekt davor ablegen, wenn ein Spieler einmal eine Tonne wirft, weil es für Sie normal sein wird. Und da Sie keine Wahl haben, werden Sie beginnen, auch Tonnen zu werfen. Und Sie werden vielleicht überrascht sein, aber: Wenn Sie gegen sehr starke Gegner spielen, werden Sie auch (vielleicht mit Ausnahme der ersten paar Spiele) weniger nervös sein als

beim Spiel mit gleichstarken Gegnern. Denn Sie haben ohnehin nichts zu verlieren – nur Ihr Gegner kann sich blamieren. Auf diese Weise arbeiten Sie sich Stück für Stück an die Klasse der zur Zeit noch unerreichbar scheinenden Spieler heran. Wenn Sie sich also gern verbessern möchten, sollten Sie sich immer an denjenigen orientieren, die stärker spielen als Sie selbst, diese Gegner werden letztlich Ihre Zugpferde sein.

Schauen Sie den Profis zu
Das gedankliche Prinzip ist dasselbe wie das der starken Gegner. Es gibt tatsächlich Spieler, die, nachdem sie ein paar Stunden den Profis im TV zugesehen haben, besser spielen als vorher, weil sich ihre Denkweise zumindest vorübergehend durch das Gesehene verändert hat. Zugegeben, dieser Effekt hält manchmal nicht sehr lange an, legt aber doch nahe, dass die Grenzen eines Spielers sehr stark mit dem zusammenhängen, was er selbst als Grenze empfindet. Wenn Sie um sich herum immer nur 40er Averages beobachten, wird das die Realität in Ihrem Kopf dahingehend beeinflussen. Sehen Sie um sich herum lauter 90er Averages, wird das mit der Zeit Ihre Realität werden – und Sie werden sich dem Niveau wie von selbst anpassen. Öffnen Sie deshalb Ihre Wahrnehmung dafür, dass hohe Averages und sichere Checks etwas Alltägliches sind und sagen Sie sich: "Das kann ich auch!" Wir spielen hier immerhin Dart, ein gesundes Maß an Selbstüberschätzung ist ein absolutes Muss, um vorwärts zu kommen.

Psychologische Kriegsführung
Ein böses Wort. Vorneweg: Niemals würde ich Ihnen zu Gemeinheiten oder fiesen Tricks raten, das würde mich ja in einem unsportlichen Licht dastehen lassen. Beschränken wir uns deshalb darauf, Ihrem Gegner derartige Verhaltensweisen zu unterstellen

und zu überlegen, wie Sie damit umgehen sollten. Denn das ist entscheidend dafür, dass Sie sich nicht aus dem Konzept bringen lassen. In gewissem Rahmen kann man es aber auch als durchaus legitim betrachten, psychologisch auf den Gegner einzuwirken. Denn Darten ist irgendwie auch immer ein bisschen wie eine Art psychologisches Armdrücken und das kann bei knappen Matches schon durchaus einen gewissen Einfluss auf das Endergebnis haben.

Also, was könnte man beim Darten denn an Tricks und Fiesheiten anstellen, schließlich kann man ja seinen Gegner nicht wie beim Fußball umgrätschen, um einen Treffer zu verhindern? Stimmt, das kann man nicht. Oder zumindest ist es strengstens verboten. Die Tricks sind – passend zur Überschrift – eher psychologischer Natur, sie sollen die Konzentration des Gegners beeinträchtigen. In gewissem Maße gehört psychologische Kriegsführung immer ein Stück zum Spiel dazu, allzusehr übertreiben sollte man es jedoch nicht damit. Darter sind eine fröhliche Gemeinschaft und – auch wenn in gewissem Rahmen der eine oder andere Winkelzug mit einem Schmunzeln hingenommen wird – wer es übertreibt, ist ganz schnell als unsportlicher Typ verschrieen. Und das sollten Sie sich unbedingt verkneifen.

Zunächst einmal ist zu sagen, dass Dart ein Ein-Spieler-Spiel ist. Sie können und müssen entsprechend auch nicht auf das Spiel Ihres Gegners reagieren und umgekehrt. Was auch immer Sie tun, Sie können keinen 180er des Gegners verhindern und genausowenig seinen Check. Das bedeutet auch: Wenn Spieler Eins ein perfektes Spiel macht, kann Spieler Zwei niemals gewinnen. Es geht (bei X01-Spielen) nur darum, für sich alleine den Score auf Null zu bringen und zwar mit so wenig Darts wie möglich. Das sollten Sie sich immer vor Augen führen, wenn Ihr

Gegner mit psychologischen Tricks arbeitet. Blenden Sie das einfach vollkommen aus oder sehen Sie es als Bestätigung seiner Unterlegenheit und schöpfen Sie daraus zusätzliches Selbstbewusstsein. Spielen Sie, wie es so schön heißt, einfach und ausschließlich "gegen das Board".

Den größten psychologischen Vorteil erreichen Sie natürlich mit einem starken Spiel, hohen Scores und sicheren Checks. Wenn Ihr Gegner trotz starken Spiels einfach nicht von der Stelle kommt und Sie jeden hohen Score genauso stark oder noch stärker kontern, kann das für diesen schon zermürbend sein. Genauso erhöhen Sie den Druck auf Ihren Gegner, wenn Sie permanent starke Runden vorlegen und ihn zum Nachziehen zwingen. Darum ist es wichtig, Nervenstärke zu bewahren und immer locker zu bleiben.

Darter sind häufig Selbstdarsteller. Auch bei Profis im TV werden Sie deshalb häufig sehen, dass gute Scores mit großen Gesten und auch dem einen oder anderen Urschrei unterstrichen werden. Bei den Profis sind das in aller Regel nur 180er und High-Finishes, die so zelebriert werden, in unteren Klassen müssen Sie schon bei kleineren Zahlen mit solchen Auftritten rechnen. Abgesehen davon, dass sich ein Spieler auf diese Weise selbst Mut machen will, soll es häufig auch den Gegner einschüchtern und sein Nervenkostüm ankratzen. Lassen Sie das einfach von sich abprallen, denn wie oben erwähnt, was Ihr Gegner wirft, hat auf Ihr Spiel überhaupt keinen Einfluss. Wenn Sie Ihren Job erledigen, kann Ihr Gegner machen, was er will und wird das durch kein Geschrei und keine großspurigen Gesten ändern können. Manchmal werden Sie erleben, dass ein Gegner auch beiläufig den einen oder anderen Kommentar von sich gibt, um seinem Frust Ausdruck zu verleihen oder Sie zu verunsichern. Nochmals: Einfach ausblenden. Lassen

Sie das nicht an sich heran. Zum Fachsimpeln ist noch reichlich Zeit, wenn Sie gecheckt haben. Einige Spieler, die es selbst nicht in ihrer Konzentration stört, beginnen auch einen Small-Talk mit ihrem Gegner (natürlich nicht bei den Profis, aber in unteren Spielklassen durchaus) und versuchen, die Konzentration ihres Gegners auf diese Weise aufzuweichen. Ich würde grundsätzlich davon abraten, sich während des Spiels regelrecht mit seinem Gegner zu unterhalten, auch wenn es eine freundliche Unterhaltung ist. Es besteht einfach die Gefahr, das eigene Spiel aus dem Fokus zu verlieren.

Desweiteren ist es ein probates Mittel vieler Spieler, den Rhythmus des Gegners zu beeinträchtigen, indem versucht wird, das Spiel übermäßig anzutreiben oder zu verlangsamen. Wenn Sie also merken, dass Ihr Gegner Sie zu schnellerem Spiel antreiben will, lassen Sie sich nicht hetzen. Wenn Sie merken, dass er Ihren Rhythmus unterbrechen will, indem er für seine Aufnahmen auffällig viel Zeit aufwendet und sehr langsam oder mit immer wieder auftauchenden Unterbrechungen wirft, dann atmen Sie ruhig durch und nutzen Sie diese Zeit für Ihre eigene mentale Vorbereitung auf Ihren nächsten Wurf. Es ist auch legitim, wenn Sie bis zu einem gewissen Grad selbst den Rhythmus Ihres Gegners auf diese Weise zu beeinflussen versuchen. Gerade wenn jemand versucht, Sie zu schnellerem Spiel anzutreiben, können Sie demjenigen den Wind aus den Segeln nehmen, indem Sie gerade dann, wenn Sie an der Reihe sind, zunächst noch einen Schluck aus Ihrem Glas trinken und dann in aller Ruhe zur Abwurflinie schreiten. Damit muss der Gegner leben. Sie spielen schließlich Ihr eigenes Spiel – und nicht zur Belustigung Ihres Gegners.

Letztlich gibt es noch die Spieler, die durch für Sie hörbares

Reden mit spielunbeteiligten Zuschauern während Ihrer Aufnahme versuchen, Ihre Konzentration zu stören, oder durch Husten Millisekunden vor Ihrem Abwurf. Für Sie gilt zunächst einmal: Tun Sie das selbst nicht. Das ist tatsächlich eine Unsportlichkeit. Und zweitens: Wenn Sie sich absolut auf das Spiel fokussieren, kann Sie das nicht aufhalten. Blenden Sie auch derartige Manöver komplett aus. Denn derjenige, der sich so verhält, zeigt letztlich seine eigene Unsicherheit und bringt sich selbst aus dem Takt. Nutzen Sie genau diese Schwäche Ihres Gegners gnadenlos aus und bestrafen Sie ihn, indem Sie ihm beweisen, dass solche Aktionen gegen Sie nutzlos sind. Dadurch strahlen Sie noch mehr mentale Stärke aus und lassen Ihren Gegner ins Leere laufen.

Nochmals: Darten ist einfach!

Als ich einmal im Ruhrgebiet unterwegs war – ich wollte eigentlich mit meiner Freundin shoppen gehen – landeten wir unvorhergesehener Weise mitten in einer festivalähnlichen Veranstaltung mit Musik und allerlei künstlerischen Darbietungen auf einer eigens dafür errichteten Bühne. Einer der Artisten, die ihr Können zur Schau stellten, war ein japanischer Jongleur und Jojo-Künstler. Er zelebrierte fantastische Künststücke mit diesen Dingern – wir waren aufrichtig begeistert. Wie kann man so ein Ding bloß so hoch werfen, dann herumspringen und -tanzen und eine Rolle rückwärts machen und dieses Gerät dann praktisch blind wieder auf den Millimeter genau auffangen? Für mich war und ist das sensationell. Und genau in diesem Moment vor dieser Bühne ging mir durch den Kopf, wie wir Darter uns manchmal anstellen und was für Kopfprobleme uns hin und wieder plagen. Wenn ich das einmal vergleiche: Wir dürfen fest und sicher stehen, haben nur eine verhältnismäßig kurze Distanz zum Ziel und das ist auch noch fest und unverrückbar an die Wand geschraubt. Wir müssen den Dart nicht aus einer Rolle rückwärts heraus werfen und wenn wir uns mal um ein paar Millimeter links oder rechts vertun, ist selbst das oft noch kein Beinbruch. Mir wurde klar, dass, verglichen mit den motorischen Fähigkeiten dieses Burschen auf der Bühne, das, was uns abverlangt wird, relativ unspektakulär und einfach ist. Wir müssen vor allem auch nicht 50 verschiedene Kunststücke beherrschen, sondern eigentlich nur eins und das immer wieder. Ich habe mich gefragt, wie jemand, der über eine so starke Koordinationsfähigkeit verfügt wie dieser Jongleur, wohl darten würde. Das kann ich zwar nicht beantworten, aber wenn bei mir hin und wieder einmal gar nichts mehr funktionieren will, dann denke ich noch oft an diesen Künstler zurück und sage mir: "Wenn ein Mensch das kann, dann sollte es wohl möglich sein, einen Dart gute zwei Meter weit geradeaus zu werfen." Und tatsächlich: Oft genug läuft es ab da wieder besser. Auch Sie kennen sicher Künstler oder Sportler, deren Leistungen im Hinblick auf Koordination und Genauigkeit wesentlich anspruchsvoller erscheinen als die eines Darters. Denken Sie hin und wieder daran, was alles menschenmöglich ist und wie gering in diesem Vergleich die Anforderungen sind, eine Triple-20 oder ein Bullseye zu werfen und dass es mit dem Teufel zugehen müsste, wenn Ihnen das nicht gelänge. Sie werden feststellen, diese Betrachtungsweise lässt das gefühlte Brett vor dem Kopf oft so schnell wieder verschwinden, wie es aufgetaucht ist.

Niemals an Fehlwürfe denken!
Am einfachsten ist es aber, wenn Sie solche Gedankenexperimente überhaupt erst gar nicht bemühen müssen, um den Glauben zurückzugewinnen, sondern wenn dieser erst gar nicht verloren geht. Deshalb: Wenn es gut läuft, denken Sie nicht weiter nach, sondern werfen Sie möglichst ohne nachzudenken weiter – bleiben Sie "im Flow". Sie kennen vielleicht das Beispiel: "Denken Sie jetzt mal nicht an einen rosa Elefanten". Ja, ich weiß,

der Spruch ist so alt, als wir den zum ersten Mal gehört haben, ist uns allen vor Lachen der Schnuller aus dem Mund gefallen. Aber im Ernst - genauso ist es wirklich. Denken Sie niemals an Probleme, wo keine sind. Und da diese Formulierung schon unseren Elefanten enthält, prägen Sie sich lieber ein: "Wenn´s läuft, zieh´s durch!"

Besonders schwierig ist es, genau das durchzuhalten, wenn es ans Checken geht oder wichtige Darts zu werfen sind, zum Beispiel der dritte Dart zu einem möglichen 180er. Viele Spieler bekommen dann Schwierigkeiten, weil sie sich solche Treffer nicht regelmäßig zutrauen. Für einen Profi ist ein 180er nichts Besonderes, und ein 132er Check auch nicht. Wenn Sie befürchten, der dritte Dart könnte in die Hose gehen, dann setzen Sie lieber nochmal ab, machen den Kopf leer und sagen sich: "Jetzt erst recht!", und setzen dann neu zum Wurf an. Denken Sie niemals daran, was schiefgehen könnte, wenn Sie Ihr Ziel im Blick haben. Denn die Wahrscheinlichkeit, dass Sie das treffen, woran Sie akut denken, ist relativ groß. Trauen Sie sich immer das Beste zu. Selbst dann, wenn Sie eigentlich keine Veranlassung dazu haben. Man könnte sagen, seien Sie ein bisschen wie Donald Trump. Beim Darten kann man so ein Ego manchmal ganz gut gebrauchen. Es ist wirklich in jeder Hinsicht schade, dass er kein Dartprofi geworden ist.

Angstgegner
Gut, wenn Sie selbst einer sind, schlecht, wenn Sie welche haben: Die Rede ist von Angstgegnern. Sie werden den Satz noch oft beim Spielen hören: Darten ist Kopfsache. Einige Spieler haben ausgeprägte Kopfprobleme mit einzelnen Zahlen, Checks oder Dart-Locations. Und fast jeder hat seinen oder seine Angstgegner. Wenn jemand Sie als Angstgegner identifiziert hat, dann ist das ein

psychologischer Vorteil für Sie. Manche Spieler haken Begegnungen gegen ihre Angstgegner von vornherein als verloren ab. Aber um jemandes Angstgegner zu werden, müssen Sie sich diesen Status natürlich zuerst verdienen. Wenn Sie jemanden die letzten drei Male bei Turnieren besiegt haben, werden Sie sicherlich beim nächsten Aufeinandertreffen so etwas wie: "Oh nein, nicht schon wieder" zu hören bekommen. Das sollten Sie als Kompliment sehen und im Spiel auf jeden Fall bestätigen.

Wenn Sie mit einem Spieler die umgekehrte Erfahrung gemacht, also bislang gegen diesen nur verloren haben, sollten Sie es sich auf jeden Fall verkneifen, das nächste Spiel vorzeitig dranzugeben. Machen Sie sich stattdessen klar, dass Sie diesem Trend entgegentreten müssen und dass es längst an der Zeit ist, dass Sie ein Spiel gegen diesen Gegner gewinnen. Denn auch die längste Serie muss einmal reißen, und jetzt wäre ein guter Zeitpunkt dafür (natürlich denken Sie das nur, wenn Sie in der Außenseiterrolle sind). Und verdient haben Sie es sowieso schon lange. Wenn Sie sich Ihrem Gegner also jedes Mal noch motivierter stellen, dann werden Sie diesen Bann irgendwann auch brechen und die wichtige Erfahrung sammeln, dass Sie auch diese Begegnung gewinnen können. Danach wird es dann leichter für Sie werden, in diesem speziellen Match zu bestehen. Auch hier gilt also das Motto: "Jetzt erst recht!"

Man muss auch mal gönnen können
Wenn Ihr Gegner einen tollen Tag hat und Ihnen absolut keine Chance lässt, sollten Sie das anerkennen, anstatt sich über die Niederlage zu ärgern. Wenn Sie für Ihre Verhältnisse gut gespielt haben, dann war eben nicht mehr drin, und Ihr Gegner hat sich den Sieg redlich verdient. Solche Niederlagen sollten auf gar keinen Fall Ihr Selbstbewusstsein in Frage stellen. Sehen Sie

solche Spiele lieber als Motivation, an sich zu arbeiten und Ihr Potential zu erschließen, damit Sie bald auch diesem Gegner Paroli bieten können.

Wenn Sie natürlich Lospech in einem Turnier haben, dann können zwei Spieler des beschriebenen Kalibers Ihnen schon recht früh den Abend verhageln. Nehmen Sie es trotzdem leicht, irgendwann gleicht sich so etwas aus. Selbst Vollprofis sind vor gebrauchten Tagen nicht sicher, wie das Beispiel James Wade zeigt:

Einen 9-Darter zu werfen, qualifiziert Sie praktisch für die Weltklasse. Besser geht es jedenfalls nicht. So toll es sein mag, wenn einem das gelingt, man kann natürlich auch auf der anderen Seite stehen und muss dann zusehen, wie der Gegner einem keine Chance lässt.

In der Geschichte der Premier League wurden bislang (Stand Ende 2020) zehn 9-Darter erzielt, drei davon von der Dartlegende schlechthin, Phil Taylor. Aber auch ein anderer Spieler sticht hier absolut hervor, nämlich James Wade. Ihn traf das außerordentliche Schicksal, drei mal an einem solchen Leg beteiligt gewesen zu sein – allerdings jedes Mal zu seinen Ungunsten. So liefen ausgerechnet gegen ihn sowohl Adrian Lewis als auch Phil Taylor zur absoluten Höchstform auf und checkten mit nur neun Darts. Und Taylor sogar zwei mal – und zwar am selben Abend. Es gibt eben einfach Tage, an denen wäre man besser im Bett geblieben. Wenn Sie also selbst einmal einen solchen Tag erwischen, an dem bei Ihren Gegnern wirklich alles funktioniert, trösten Sie sich – Sie sind in bester Gesellschaft.

Kriseninvervention

Jeder Darter kennt es: Man kann machen was man will, es ist einfach der Wurm drin. Und das nicht nur ein paar Runden lang oder einen Abend, nein tage- und wochenlang will einfach nichts mehr funktionieren. Wie geht man mit einer solchen Blockade um? Hat man nun auf einen Schlag alles verlernt? Hat man vielleicht vorher nur Glück gehabt und kann in Wirklichkeit gar nicht richtig darten? Zur Beruhigung: Solche Befürchtungen sind überflüssig. Wenn Sie eine solche Phase erleben, sollten Sie sich zuerst klar machen: Das passiert jedem irgendwann. Manchmal ist zuviel Nachdenken oder zu großer Druck – den man sich meist selbst gemacht hat – der Grund, manchmal lässt sich beim besten Willen kein Grund ausmachen, warum auf einmal nichts mehr zu laufen scheint. Wie Sie Ihre Spielstärke zurückgewinnen und wieder aufs Board bringen, darum wollen wir uns jetzt kümmern.

Schritt 1: Ruhe bewahren

Wie gesagt, schlechte Phasen gehören zur Laufbahn eines jeden Dartspielers genauso dazu wie Phasen in Top-Form. Wir sind keine Maschinen und darum werden wir solche Phänomene niemals komplett ausschließen können, das ist normal und kein Grund zur Panik. Wenn Sie sich jetzt deswegen verrückt machen, machen Sie alles nur noch schlimmer. Sagen Sie sich ganz klar und deutlich: "Das ist normal, das geht vorbei." Betrachten Sie es wie eine Erkältung, die bald vorbeigeht – und mehr Tragweite sollten Sie diesem Problem zunächst auch nicht einräumen. Wenn Sie allerdings in naher Zukunft ein Turnier spielen oder für Ihre Mannschaft im Einsatz sein müssen, können wir natürlich nicht abwarten, bis sich die Blockade von selbst löst. Gott sei Dank gibt es ein paar Hausmittelchen, mit denen wir dem Problem in den meisten Fällen beikommen können.

Schritt 2: Pause einlegen

Bevor Sie nun so lange werfen, bis Sie Wut auf sich, das Board, Ihre Darts, Ihren Lebenspartner, Ihren Arbeitgeber und überhaupt die ganze Welt empfinden und den eigentlich nicht Beteiligten an dieser Angelegenheit Ihre Empfindungen mitteilen, sollten Sie zunächst in Erwägung ziehen, die Darts für eine Weile aus der Hand zu legen. Frust bringt Sie nicht weiter. Lenken Sie sich ab, machen Sie etwas anderes. Etwas produktiveres. Denn sich jetzt weiter darin zu bestätigen, nichts zu treffen, macht die Sache nicht besser, im Gegenteil. Manchmal lässt es sich eben nicht erzwingen. Wenn Sie bislang mit Ihrer Technik gut geworfen haben, sollten Sie auch nicht in Aktionismus verfallen und sofort alles über den Haufen werfen. Denken Sie daran, dass es auch anderen Sportlern so geht, zum Beispiel Fußballspielern. Die Rede ist dann meistens von dem Knoten, der platzen muss. Und genau das ist auch hier der Fall. Ob Ihre Pause nun eine Stunde, einen Tag oder eine Woche dauert, müssen Sie selbst entscheiden. Wenn Sie – was mit Sicherheit passieren wird – zwischendurch an Ihre Dartkrise denken, sagen Sie sich, dass das völliger Unsinn ist. Machen Sie sich klar, dass es keinen Grund gibt, von jetzt auf gleich schlecht zu spielen und dass es einfach nur eine schlechte Tagesform war, die schon vorbei ist. Und sagen Sie sich, dass Sie, sobald Sie das nächste Mal vor die Scheibe treten, wieder treffen werden, wie Sie es eigentlich von sich kennen. Oft hilft eine solche Pause schon weiter. Falls das nicht reicht, greifen wir zu anderen Mitteln.

Schritt 3: Erweiterte Analyse

Pause vorbei, Problem noch da? Es ist zum verrückt werden? Dann müssen wir etwas differenzierter hinschauen. Was genau ist das Problem? Menschen können ja sehr unterschiedliche Vorstellungen haben, was sie als Problem betrachten. Und nicht zuletzt ist dies auch vom eigenen Anspruch abhängig. Für einen Neueinsteiger ist eine Blockade manchmal, wenn er das 20er-Segment nur mit einem von sechs Darts trifft, für einen höherklassigen Spieler kann auch ein 60er Average schon eine Blockade darstellen. Je nachdem, wo in dieser Bandbreite Sie sich befinden, können die folgenden Versuche, die eigene Psyche wieder in den Griff zu bekommen, unterschiedlich hilfreich sein. Entscheidend ist: Was Ihnen hilft, ist das Richtige. Versuchen wir also ein paar Varianten. Je nachdem, welches Problem Sie bei sich erkannt haben – Schwierigkeiten mit der Technik, mentale Probleme oder was auch immer, macht es Sinn, sich nochmal die Basics vor Augen zu führen und auf die entsprechenden Tipps in den Kapiteln "Psychologie des Dartens" und "Dart-Training" einzugehen. Nehmen Sie sich die entsprechenden Trainingsübungen vor, die zu Ihrem Problem passen und arbeiten Sie an Ihrer mentalen Verfassung, insbesondere an Ihrer Betrachtung des Spiels, um der Blockade beizukommen. Motorische Übungen und das Zuschauen bei Profis können hier wahre Wunder wirken, denn Dartprobleme sind fast immer reine Kopfprobleme. Zusätzlich dazu probieren Sie einmal die beiden folgenden Tipps aus, um wieder guten Mutes ans Board zu treten.

Schritt 4: Der Umkehrschluss-Trick

Nach einer Weile kennt jeder das Problem: Sie möchten sich mit einer einfachen Zahl ein Finish stellen und siehe da – das Triple-Feld, das immer wie vernagelt ist, wenn man es einmal braucht, wird plötzlich riesengroß und zieht noch dazu Dartpfeile magisch an. Von 59 stellen Sie sich plötzlich wie von Geisterhand immer wieder auf Rest zwei, von 53 bleiben nach einem Wurf zum Stellen nur noch 14 Punkte übrig. Wenn Sie nun in dieser Schiene unterwegs sind, dass Sie ja ohnehin nicht glauben, dass Ihr nächster Dart besonders erfolgreich ist, sollten Sie sich an solche

Momente erinnern und versuchen, aus genau diesen Erinnerungen nun etwas Positives zu machen. Werfen Sie auf Ihre 20 oder Ihre 19 und sagen Sie sich: "Alles - nur bloß kein Triple!" Sagen Sie sich, dass das Single-Segment so groß ist, dass es schon mit dem Teufel zugehen müsste, wenn der Dart, der auf keinen Fall im Triple landen soll, ausgerechnet den Weg dorthinein fände. In vielen Fällen werden Sie feststellen: Wenn Sie Ihre Darts mit der Motivation werfen, etwas auf jeden Fall zu vermeiden, widmen Sie genau diesem Ziel unterschwellig so viel mehr Aufmerksamkeit als Ihrem eigentlichen Ziel, dass Sie eigentlich treffen wollen. Und siehe da – der Dart landet genau dort, wo Sie es unbedingt vermeiden wollten. In einigen Phasen kann man aus solchen vorhersehbaren Pannen neuen Mut schöpfen. Versuchen Sie einmal, Ihre Blockade auf diese Weise auszutricksen. Oft funktioniert das tatsächlich und liefert Ihnen den Beweis, dass Sie nicht das Talent verloren haben, sondern nur Ihren Glauben daran. Wenn Sie sich das bewiesen haben, verschwindet eine Blockade manchmal schneller als sie gekommen ist.

Schritt 5: Negative Assoziationen ausschalten

Trotz Pause, Inspiration durch Profis und Trockenübungen fliegen die Darts immernoch in die Tapete oder Sie checken die Double-16, obwohl Sie auf Tops gezielt haben? Ok, dann haben wir hier offenbar eine ziemlich hartnäckige Blockade. Wir müssen also zunächst Ihr Selbstbewusstsein wieder stärken und die negativen Assoziationen, die Sie aktuell (und nur vorübergehend!) mit dem Zielen auf das Dartboard verbinden, beseitigen. Denn wenn man seine gezielten Felder ganz fürchterlich verfehlt, dann macht das alles keinen Spaß mehr. Vergessen Sie einfach die Felder auf dem Dartboard, machen Sie sich erstmal wieder locker. Dafür kann es ganz positiv sein, die Pfeile einmal zur Seite zu packen, das Board abzuhängen und statt Darts auf die Scheibe einen Tennisball gegen die Wand zu werfen, gern auch auf ein aufgemaltes Ziel. Machen Sie das vor allem dann, wenn Sie merken, dass Sie beim Wurf auf die Scheibe zittrig werden. Diese Übung wird Sie auflockern.

Wenn Sie nun locker genug sind, hängen Sie Ihre Scheibe wieder an ihren Platz, aber beginnen Sie nicht direkt wieder mit dem Werfen auf das Dartboard. Möglicherweise besteht noch eine hohe Rückfallgefahr, die wollen wir natürlich ausschließen. Beginnen Sie deshalb mit Hilfszielen, die leicht zu treffen sind und Ihr Selbstbewusstsein stärken. Machen Sie sich selbst eine kleine Freude und motivieren Sie sich, indem Sie sich einfach ein für Sie dankbares Ziel suchen. Solche Ziele können zum Beispiel sein: Das Vereinswappen des Fußballclubs, den Sie am wenigsten mögen, ein Bild Ihres Ex-Partners oder Ihres Lieblings-Ex-US-Präsidenten, falls Ihnen keiner einfällt, über einen hatten wir vorhin schon einmal kurz gesprochen. Das Ziel soll gerne relativ groß sein, um Ihnen möglichst viele Erfolgserlebnisse zu ermöglichen. Sinn der Sache ist es auch hier, maximale Lockerheit zu gewinnen, indem wir die Aufmerksamkeit von den Feldern des Boards weg verlagern, die Sie zuletzt nicht mit besonderer Zuversicht erfüllt haben. Das Wichtigste in einer solchen Phase ist es, die negativen Assoziationen und den Frust loszuwerden. Dass Sie darten können, wissen Sie doch eigentlich selbst. Wir müssen Ihren Kopf wieder frei bekommen und dafür eignet sich eine solche Übung recht gut.

Wenn Sie dann wieder das Gefühl haben, dass die Darts nun wieder einigermaßen geradeaus fliegen, beginnen Sie erst einmal wieder mit einfachen Trainingsübungen, je leichter, desto besser. Machen Sie sich keinen Druck und keinen Stress. Sie werden sehen, je gelassener Sie an die Sache herangehen, umso einfacher werden Sie wieder das Niveau erreichen, das Sie von sich kannten. Und noch besser: Nach einer überwundenen Krise geht es meistens sogar einen Schritt voran.

Dartitis

Vielleicht haben Sie diesen Begriff schon einmal gehört und sich gefragt, was um alles in der Welt das sein soll. Dartitis ist keine wirkliche Erkrankung, sondern beschreibt ein mentales Phänomen, dass sich schon bei manchem Spieler eingestellt hat: Die Unfähigkeit, seinen Dartpfeil loszulassen. Damit ist nicht gemeint, dass jemand seine Darts mit ins Bett und unter die Dusche nimmt, sondern dass ein Spieler beim Wurf einfach den Dart nicht loslassen kann, oder, wenn es ihm dann doch gelingt, dies nur mit solcher Überwindung geht, dass der Wurf meist fürchterlich danebengeht. Im Grunde könnte man dieses Phänomen mit der Angst des Stürmers vor dem Torschuss vergleichen.

Es ist selbstredend keine körperliche Einschränkung, vielmehr ein psychisches Problem, wie so viele Probleme beim Dartspiel. Ich habe wirklich überlegt, ob ich auf dieses Thema überhaupt eingehen soll, da ich grundsätzlich der Meinung bin, je weniger man sich mit dem Thema befasst, umso geringer ist die Wahrscheinlichkeit, selbst einmal ein Problem damit zu bekommen. Da dieser Begriff jedoch immer häufiger zu hören oder zu lesen ist, habe ich mich entschieden, zumindest am Rande zu erklären, worum es sich dabei handelt. Sie sollten sich aber aus oben genanntem Grunde nicht allzu lange damit beschäftigen, sondern sich lieber einer Ihnen leicht von der Hand gehenden, reibungslosen Wurftechnik widmen. Eine runde, automatisch und ohne großes Nachdenken ablaufende Wurftechnik ist die beste Vorsorge, die Sie gegen dieses Phänomen treffen können. Denn zu viel zu denken kann beim Darten zum echten Problem werden.

Und vor allem sollten Sie sich auch nicht selbst verrückt machen. Gott sei Dank ist es eine nicht sehr häufig auftretende Problematik, die meisten Spieler haben keine persönlichen Erfahrungen mit damit. Falls Sie aber doch einmal betroffen sein sollten, empfehle ich Ihnen, das Problem mit den im Kapitel "Krisenintervention" beschriebenen Techniken zu bekämpfen. Denn Dartitis ist eben in erster Linie genau das – eine ausgewachsene Krise.

Darten und Gesundheit

Im ersten Moment mag es komisch erscheinen, Darten mit dem Thema Gesundheit in Verbindung zu bringen – und dennoch scheint es mir zumindest eine Randnotiz wert zu sein. Sicher ist Darten nicht die Sportart, an die man denkt, wenn man über Fitnessaktivitäten redet und man muss zugeben, aus gutem Grund. Wenn Sie dieses Buch lesen, um einmal die Woche mit ein paar Freunden in geselliger Runde ein paar Pfeile zu werfen, müssen Sie diesem Thema wahrscheinlich keine größere Beachtung schenken. Anders kann es aussehen, wenn Sie sich vereinsmäßig engagieren, auf Turnieren spielen und besonders dann, wenn diese Veranstaltungen zu guten Teilen in Gaststätten stattfinden werden. Dartveranstaltungen haben immer einen gewissen Event-Charakter, von der geselligen Runde über Party- bis hin zu Volksfeststimmung. Da kann es manchmal schon recht spät und hin und wieder auch feucht-fröhlich werden. Selbst wenn man während seines Spiels auf alkoholische Getränke verzichtet (was gerade in unteren Ligen allerdings eher unüblich ist), wird der Abend doch des Öfteren am Tresen ausklingen gelassen. Für Raucher gilt außerdem: An einem langen Turnierabend ist eine Schachtel schnell ver(b)raucht. Und da es spät ist und auch anstrengend war und man natürlich jetzt hungrig ist, ist der Weg zur Pizza- oder Dönerbude, die sowieso auf dem Nachhauseweg liegt oder zum nächsten Fastfood-Tempel praktisch unausweichlich. Bei manchen (nicht bei allen) Dartern, die mit ihrem Kampfgewicht zu kämpfen haben, rührt diese Problematik direkt von ihrem Hobby her. Bei zwei bis drei ausgiebigen Dart-Sessions pro Woche kann das schon auf die Gesundheit schlagen. Deshalb gilt: Wer häufig dartet, der sollte darauf achten, nicht in eine solche Spirale zu geraten, denn sonst ist die Bikini-Figur schnell Geschichte. Und dass Alkohol- und Nikotingenuss über längere Zeiträume lebensverkürzend wirken, sollte ohnehin allgemein bekannt sein. Sie sollten also darauf achten, den inneren Schweinehund immer hübsch an der Leine zu führen.

Auch können sich bei exzessivem Trainings- oder Turnierbetrieb durchaus schon einmal Finger-, Schulter-, Ellbogen oder Kniegelenke oder der Rücken zu Wort melden und mitteilen, dass die einseitige Belastung der Darttechnik ihnen zu schaffen macht. Je früher Sie darauf hören, entweder Ihre Technik entsprechend anpassen oder für Ausgleich durch andere sportliche Aktivitäten sorgen, umso besser. Ich habe schon mehr als einen Spieler aufgrund von Schmerzen ein Turnier aufgeben sehen. So etwas ist immer schade. Deshalb gilt: Je häufiger und leistungsaffiner Sie spielen, umso mehr sollten Sie dieser Thematik Gewicht beimessen.

Gimmicks
Was nun folgt, hat mit Profi-, Liga- und Turnierdart nicht wirklich viel zu tun, Sie sollten aber zumindest schon mal etwas davon gehört haben. Zum Beispiel um zu verstehen, warum der Gegner jetzt gerade ein Bier oder ein Schnäpschen von Ihnen haben möchte. Nun ja, das kann schon einmal dabei herauskommen, wenn man einen Sport betreibt, der großteils in Gaststätten ausgeübt wird. Welchem Lebensstil auch immer Sie sich verschrieben haben, Sie werden damit leben müssen, dass die

meisten Dartspieler eher weniger auf gluten-, lactose- und kohlehydratfreie, kalorienreduzierte, vegane Softdrinks stehen, sondern häufig doch das eine oder andere Bierchen bevorzugen.

Schnapszahlen

Die größte Gefahr, einen Schnaps spendieren zu müssen, laufen Sie, wenn Sie in einem X01-Spiel auf einer dreistelligen Schnapszahl geparkt haben, während Ihr Gegner das Spiel checkt. In diesem Fall wird häufig ein "Kurzer" fällig. Wenn es sich um ein Trainingsspiel ohne weiteren Belang handelt, sollten Sie also bei 131 Restpunkten mit dem dritten Dart dem Risiko ausweichen und lieber auf die Triple-19 oder Triple-17 zielen, anstatt mit einer 20 die nächste Runde zu riskieren. Außer wenn Ihr Gegner noch nicht auf einer checkbaren Zahl steht – dann können Sie sich diesen Luxus durchaus mal gönnen.

Schweinecricket

Nicht unter den Tisch fallen lassen möchte ich das an vorheriger Stelle bereits angekündigte Schweinecricket, bei dem schon so mancher Dartspieler unter selbigen getrunken worden ist. Wie bereits erwähnt, eignet sich dieses Spiel eher weniger zum Trainingsauftakt, da hier oftmals einfach zuviel Zielwasser fließt. Außerdem sollten ungeübte Anfänger diesem Spiel sowieso aus dem Wege gehen, es sei denn, Sie hatten ohnehin vor, ein paar Runden springen zu lassen. Grundlage des Spiels ist ein ganz normales Cricketspiel mit der Option Cut-Throat, da es üblicherweise mit mehr als zwei Spielern gespielt wird. Anders als beim normalen Cricketspiel müssen sich hier die Spieler an eine bestimmte Reihenfolge der zu treffenden Zahlen halten.

Üblicherweise wird mit 20 begonnen, dann folgen 19, 18, 17, 16, Bull und zuletzt die 15. Es kann aber im Einvernehmen der

Teilnehmer auch eine andere Reihenfolge vereinbart werden. Alle Spieler werfen also zunächst auf die 20, und zwar so lange, bis auch der Letzte seine drei Pflichttreffer erledigt hat. Daraus folgt, dass alle Spieler demjenigen, der etwas hinterherhinkt, gnadenlos Minuspunkte verpassen, woraus sich ob dieser unkameradschaftlichen Art und Weise auch der Name des Spiels erklärt. Erreicht der Negativscore eines Spielers eine vorher frei vereinbarte Marke, zum Beispiel 150 Punkte, muss der Betroffene eine Runde Getränke spendieren. Dieses Procedere wiederholt sich bei einem Vielfachen der vereinbarten Marke; in unserem Beispiel also bei 300, 450 usw. Minuspunkten. Das kann bei vier, fünf oder mehr Spielern erstens schnell passieren und zweitens auch recht teuer werden.

Aber Schweinecricket wäre nicht Schweinecricket, wenn nicht noch eine besondere Bosheit hinzukäme: Erzielt ein Spieler auf einer anderen Cricketzahl als der, die gerade angesagt ist, einen zählbaren Treffer oder Punkte, muss er für jeden gewerteten Treffer eine komplette Runde lang aussetzen. Treffen Sie also die 18, während die 20 geworfen werden soll, haben Sie in der nächsten Runde Pause, während die anderen weiterspielen. Treffen Sie in diesem Fall die Triple-18, müssen Sie sogar drei Runden lang zuschauen, was Ihnen schon ganz schön ins Rad laufen kann. Über drei versehentliche Treffer in die Triple-18 wollen wir gar nicht nachdenken, solche Ausrutscher sollten Sie sich lieber verkneifen. Ein Trostpflaster gibt es allerdings: Die auf der falschen Zahl erzielten Treffer und Punkte zählen natürlich trotzdem – und könnten Ihnen später im Spiel vielleicht trotz allem noch eine Hilfe sein. Alles in Allem handelt es sich um ein sehr temporeiches, geselliges Spielchen voller aufrichtiger Ärgerei und Schadenfreude und eigentlich auch um ein effektives Trainingsspiel, ginge es nicht Hand in Hand mit dem

Koordinationsverlust der Teilnehmer. Alternativ zu Getränkerunden können Sie natürlich auch einen bestimmten Beitrag zur gemeinsamen Pizzabestellung oder einfach zugunsten der Mannschaftskasse vereinbaren, das bleibt ganz Ihnen überlassen.

DYP-Doppel

DYP steht für "Draw-your-Partner". Gemeint ist, dass hier ein Doppelturnier stattfindet, zu dem sich die Spieler jedoch als Einzelspieler und nicht als fertige Teams anmelden. Wer mit wem zusammen im Doppel spielt, wird per Los ermittelt. Damit wird vor allem sichergestellt, dass nicht immer dieselben Teams zusammen spielen und die Pokale abräumen.

Ein Freibier bitte!

Viele Gastwirte, die regelrechte Dartkneipen betreiben, loben für geworfene 180er und 171er oder High-Finishes ab einer bestimmten Höhe ein Freigetränk aus. Oft gilt diese Regelung nur bei Turnier- und Ligaspielen, bei einigen aber auch an normalen Übungsabenden.

Spitz- und "Kampf"-Namen

Es ist sicher nicht das Wichtigste, aber vielleicht denken Sie auch daran, sich einen Spitznamen zuzulegen, unter dem Sie auf Turnieren spielen möchten. Dabei sind der Phantasie übrigens keine Grenzen gesetzt. Wenn Ihr Name zum Beispiel Günther ist, können Sie sich Günni nennen, genauso gut aber auch Piet oder King Cobra. Überlegen Sie sich etwas, was Ihnen gefällt. Bedenken Sie dabei, dass Dartkollegen, die Sie irgendwann mal beim Lidl treffen, dazu neigen, Sie schon von Weitem bei Ihrem "Künstlernamen" zu rufen. Ich kenne einen wirklich guten Darter, der sich den Spitznamen "Pillemann" gegeben hat. Und nein, er ist kein Apotheker im Hauptberuf.

Turnier-Modi: Wie laufen Dartturniere ab?

Turnier-Modus Jeder-gegen-Jeden

Wie der Name schon verrät, spielt hier jeder Teilnehmer einmal gegen alle anderen teilnehmenden Spieler. Oft wird dieser Modus auch als "Round Robin" bezeichnet. Bei den Profis wird in diesem Modus die sogenannte Premier League gespielt, wobei jeder Spieltag in einer anderen Stadt ausgetragen wird. Auf Turniere in diesem Modus werden Sie allerdings nur äußerst selten treffen, da sie aufgrund des hohen Zeitaufwandes nur mit einer sehr begrenzten Anzahl von Spielern möglich sind.

Turnier-Modus mit Gruppenphase

Gerade bei Steeldart-Turnieren erfreut sich dieser Modus recht großer Beliebtheit. Dabei werden Gruppen mit zum Beispiel je vier Spielern ausgelost, die dann im Modus Jeder-gegen-Jeden in ihrer Gruppe spielen. Ähnlich wie bei der Fußball-Weltmeisterschaft qualifizieren sich die Besten für die K.O.-Runde und treten dort dann gegeneinander an, wobei der Verlierer einer Partie zumeist direkt ausscheidet, bis schließlich im großen und kleinen Finale der Sieg und die Plätze ausgespielt werden.

Turnier-Modus Doppel-K.O. (DKO)

Bei einem Turnier im sogenannten Doppel-K.O.-System werden von Beginn an K.O.-Runden gespielt, wobei der Verlierer eines Matches jedoch nicht sofort ausscheidet, sondern auf der Verliererseite des Turniers weiterspielt. Jeder, der eine Partie verliert, landet früher oder später auf der Verliererseite. Wer sich dort befindet und seine zweite Niederlage einfährt, scheidet aus dem Turnier aus. Eine Mischung aus Gruppenphase und Doppel-K.O.-Runde ist theoretisch zwar möglich, aber normalerweise nicht üblich. Auch hier wäre der Zeitaufwand zu groß.

Für das Finale qualifiziert sich so ein ungeschlagener Spieler (derjenige, der das Spiel der letzen beiden Spieler der Gewinnerseite für sich entschieden hat) und ein Spieler aus der Verliererrunde. Im Finale genügt dann dem Sieger der Gewinnerrunde ein gewonnenes Match, um den Turniersieg zu verbuchen, während sein Gegner (der ja bereits eine Niederlage einstecken musste) zwei Matches gewinnen muss, um sich den Pokal zu schnappen. Das Turnier ist also für jeden Spieler vorbei, der zwei Niederlagen kassiert hat. In Doppel-K.O.-Turnieren gibt es demzufolge eindeutige erste, zweite, dritte und vierte Plätze, ab dem fünften Platz teilen sich immer mindestens zwei oder mehr Spieler dieselbe Plazierung.

Die erste Runde wird in aller Regel frei ausgelost, kann aber auch durch eine Setzliste (ähnlich wie bei Tennisturnieren) (mit-)bestimmt werden, was jedoch die Ausnahme ist. Verwendung finden dabei immer Turnierpläne, die auf eine Teilnehmerzahl ausgelegt ist, die einer Zweierpotenz entspricht, also zum Beispiel 16, 32 oder 64 Spieler. Bei 25 Spielern würde also ein 32-Turnierplan gespielt werden, der mit 7 Freilosen aufgefüllt wird. Im Internet finden Sie viele Blanko-Turnierpläne und teilweise sogar interaktive Turnierpläne zur Turnierverwaltung auf dem Computer zum Download.

Kratzerturniere

Kratzerturniere sind gerade für Einsteiger eine gesellige und schöne Gelegenheit, Erfahrungen zu sammeln. Hier spielen die Spieler in immer wieder wechselnden, ausgelosten Gruppen. Es geht dabei nicht in erster Linie darum, als Einzelspieler das Spiel zu gewinnen, sondern darum, sich möglichst von den letzten Plätzen fernzuhalten. Je nach Gruppengröße bekommen meist der letztplazierte oder die beiden letztplazierten Spieler eines Spiels einen "Kratzer". Diese werden entweder von der Turnierleitung per Strichliste oder Computertabelle gezählt oder durch Armbändchen symbolisiert, die abgegeben werden müssen, wenn man einen Kratzer abbekommen hat. Die Turnierleitung sammelt dann nach jeder Runde die abzugebenden Armbändchen ein. Wer die maximale Anzahl von Kratzern kassiert hat bzw. sein letztes Armbändchen losgeworden ist, scheidet aus. Es wird so lange gespielt, bis außer einem Spieler alle ihre Bändchen verloren haben.

Die Anzahl der Bändchen, die jeder Spieler zu Turnierbeginn erhält, wird vorher von der Turnierleitung festgelegt. Manchmal werden dabei Unterschiede zwischen höher- und niedrigerklassigen sowie Hobbyspielern gemacht, so dass höherklassige Spieler weniger Armbändchen bekommen als Spieler unterer Klassen und komplette Anfänger. Da die Spiele aufgrund der Gruppengröße länger dauern als Einzelspiele und Sie sich lediglich darauf konzentrieren müssen, nicht das Tabellenende Ihrer Gruppe zu zieren, können Sie hier gerade als Anfänger normalerweise länger mitspielen, als in einem regulären Turnier. Vor allem müssen Sie nicht zwangsläufig checken, um die nächste Runde zu erreichen, was gerade Einsteigern in das Dartspiel die Sache vereinfacht, es sei denn, Sie erreichen das Finale. Dort müssen Sie natürlich checken, um das Turnier zu gewinnen – spätestens dann können Sie sich hinter niemandem mehr verstecken.

Auch wenn Darter grundsätzlich gewinnen wollen, wenn sie spielen, geht es bei diesen Turnieren doch eher bierernst und lockerer zu, als bei einem regulären Turnier. Aufgrund des Gruppenmodus kommen Sie hier auch gut mit vielen anderen Spielern ins Gespräch, wenn Sie neu in der Dartszene sind. Es ist also auch eine gute Gelegenheit, Kontakte zu knüpfen und neue Leute kennen zu lernen. Je nach Teilnehmerzahl und der Anzahl der zur Verfügung stehenden Scheiben oder Automaten kann es bei einem Kratzerturnier auch schon einmal recht spät werden, auch damit sollten Sie rechnen. Für Dartanfänger ist es auf jeden Fall eine gute Gelegenheit, erste Turnierluft zu schnuppern und ohne Nervosität in den Dartzirkus zu starten.

Wie funktionieren Mannschaftsspiele?

Dart ist, wie beispielsweise auch Schach oder Tennis, grundsätzlich ein Einzelspielerwettkampf. Deshalb ist ein Mannschaftsspiel – ähnlich den oben genannten Sportarten – die Summe vieler Einzelspiele, die zusammenaddiert werden. In den meisten Fällen werden Sie im Ligabetrieb auf eine Kombination aus Einzel- und Doppelspielen treffen. So können beispielsweise zwei Viererteams gegeneinander antreten, wobei jeder Spieler eines Teams nacheinander gegen alle Spieler der gegnerischen Mannschaft antritt. So ergeben sich in diesem Beispiel erst einmal 16 Einzelspiele. Ergänzt werden diese durch Doppelspiele, in denen je zwei Spieler einer Mannschaft gegen ein gegnerisches Doppel im Teammodus antreten. Der genaue Modus und die genaue Mannschaftsstärke sind vom Ligabetreiber und -modus abhängig.

Je nach Liga-Reglement kann bei einem unentschiedenen Spielstand nach den regulären Spielen zusätzlich ein Tie-Break-Spiel fällig werden, das dann über Sieg und Niederlage entscheidet. In aller Regel können die Teams im Verlauf des Mannschaftsspiels je zwei Spieler einwechseln und damit Spieler aus der Startaufstellung ersetzen. All das wird auf einem Spielberichtsbogen festgehalten und an den Ligabetreiber geschickt. Die Teams entrichten zu Saisonbeginn Startgelder und erhalten je nach Saisonplatzierung Preisgelder ausgeschüttet. Im Gegensatz zu anderen Sportarten werden im Dartsport normalerweise Halbjahres-Saisons gespielt, das heißt, innerhalb eines Jahres finden zwei komplette Liga-Saisons statt.

Vereine und Turniere finden

Falls Sie nach dem Studium dieser Lektüre nun Lust aufs Darten bekommen haben, steht nichts mehr im Wege, um selbst ans Board zu treten und loszulegen. Falls Sie aber noch keine Kontakte in die Darter-Szene und auch noch keine Location im Auge haben: Keine Sorge, das sollte nun wirklich das geringste Problem sein. Mannschaften und Dartvereine gibt es überall. Falls Sie lieber ohne Anbindung an eine Mannschaft bei Einzelturnieren mitspielen möchten – auch die gibt es mit Sicherheit auch in Ihrer Nähe. Wenn Sie in einer Gaststätte mehr als einen Dartautomaten oder mehr als ein Steeldartboard sehen, ist dies schon ein kleiner Hinweis, bei drei oder mehr Automaten bzw. Boards können Sie mit an Sicherheit grenzender Wahrscheinlichkeit davon ausgehen, dass hier Turniere stattfinden und/oder Mannschaften zu Hause sind. Fragen Sie einfach nach und erkundigen Sie sich, wann das nächste Turnier oder das Mannschaftstraining stattfindet. Praktisch alle Mannschaften freuen sich über Neulinge, die zum "Schnuppern" am Trainingsabend vorbeischauen. Auch in sozialen Medien finden Sie Hinweise auf Dartmannschaften, -locations und nahezu alle aktuellen Turniere in Ihrer Gegend.

Gerade Steeldartmannschaften, die nicht in Gaststätten, sondern in Vereins- und Sportheimen spielen, finden Sie am besten online. Schauen Sie sich ruhig mehrere Locations an und finden Sie heraus, wo Sie sich am wohlsten fühlen. Sie können auch ohne Weiteres bei einem offenen Turnier auftauchen, auch hier knüpfen Sie schnell Kontakte. Wenn Sie am Turnier teilnehmen und ein paar gute Treffer landen, werden Sie ganz von selbst von Mannschaftsspielern angesprochen, die Sie für ihre Mannschaft begeistern wollen. Gehen Sie ruhig auch dann hin, wenn Sie noch ein wenig unsicher sind, Sie können sich ja vor Ort immernoch entscheiden, ob Sie aktiv mitspielen oder nur zuschauen möchten, um einen ersten Eindruck zu bekommen. Ehe Sie sich versehen, haben Sie Anschluss gefunden und werden schon aktiv zu Schnupperabenden eingeladen. Ob Sie sich später entscheiden, voll in den Ligabetrieb einzusteigen, oder nur gelegentlich auf ein Turnier zu gehen, das bleibt ganz Ihnen überlassen.

Ein paar Tipps zum Abschluss

Zuallererst einmal: Gratulation! Sie haben es geschafft! Ich bin wirklich stolz auf Sie, dass Sie bis hierher durchgehalten haben. Sie haben durch das Studium dieses Buches jede Menge über die Grundlagen und die Praxis des Dartens erfahren und hoffentlich auch schon fleißig geübt und erste Erfolgserlebnisse verbucht. Nun steht Ihrer Dart-Karriere nichts mehr im Wege. Abgesehen vielleicht von ein paar Gegnern, die Sie aber früher oder später mit Sicherheit aus dem Weg räumen werden. Ich hoffe, Ihnen zumindest die meisten Fragen, die Sie als Einsteiger beschäftigt haben, beantwortet und Sie in dem Entschluss, in diesen spannenden Sport einzusteigen, bestärkt zu haben. Jetzt wird es Zeit, sich an die Umsetzung und das Training des Erlernten zu begeben. Ich wünsche Ihnen dabei jede Menge Erfolg und vor allem sehr viel Spaß und Freude! Aber natürlich entlasse ich Sie nicht, ohne Ihnen noch ein paar letzte grundsätzliche Ratschläge mit auf den Weg zu geben, in der Hoffnung, dass diese Ihnen eine Hilfe bei Ihren ersten Schritten und vielleicht auch noch zu einem späteren Zeitpunkt sein werden.

Immer locker bleiben und den Spaß am Spiel bewaren!
Technik, Taktik und Konzentration sind die Basis eines guten Spiels. Wenn Sie aber unter Druck verkrampfen, wirft das alles über den Haufen. Ohne die nötige Lockerheit ist alles andere nutzlos. Bleiben Sie deshalb immer cool und entspannt, auch wenn die letzten Darts nicht dort gelandet sind, wo Sie sie haben wollten. Sie werden sehen, so kriegen Sie schnell wieder die Kurve. Sehen Sie die Freude am Spiel immer im Vordergrund. Denn auch ohne den Spaß an der Sache ist alles nichts. Wenn Sie vom Spiel genervt sind, dann ist der Tag sowieso gelaufen - und das wäre doch schade.

Gönnen Sie sich Auszeiten!
Auch wenn Sie sehr ambitioniert sind und unbedingt Ihr Spiel verbessern wollen – manchmal ist weniger mehr. Wenn Sie einmal merken, dass Sie komplett neben der Spur sind und Ihr Trefferbild immer schlechter wird, je mehr Sie üben und Sie regelrecht genervt davon sind, dann nehmen Sie sich die Freiheit, die Darts auch einmal für eine Stunde, einen Tag oder vielleicht sogar eine Woche wegzupacken. So lange, bis Sie wieder richtig Lust aufs Spielen haben. Es gibt Tage, an denen geht einfach gar nichts. Sogar Profis passiert das mal. Es ist zwar wichtig, regelmäßig zu üben, aber solange Sie selbst kein Profi sind, sollte der Spaß am Spiel im Vordergrund stehen. Und es lohnt sich auch nicht, sich ein ausgewachsenes Kopfproblem anzutrainieren, indem man sich selbst beweist, wie viele Darts man daneben werfen kann. Haken Sie solche Trainingseinheiten lieber ab und beginnen Sie ein anderes Mal mit freiem Kopf von neuem. Und für den Anfang gilt überhaupt: Üben Sie lieber dreimal die Woche eine halbe Stunde als einmal in der Woche drei Stunden.

Planen Sie bei Turnieren eine Vorbereitungszeit ein!

Es ist Samstag und Sie haben gesehen, dass im Nachbarort ein Turnier stattfindet, Beginn ist 15:00 Uhr. Da wollen Sie natürlich hin! Tun Sie sich selbst den Gefallen und kommen Sie so rechtzeitig, dass Sie noch Zeit haben, sich in Ruhe anzumelden, sich ein Getränk zu besorgen, sich zu akklimatisieren, ggf. ein Schwätzchen zu halten und vor allem: Sich ein wenig warmzuspielen. Abgehetzt von den letzten Wochenendeinkäufen um fünf vor drei aufzutauchen, ist eher keine gute Idee. Bedenken Sie – eine unnötige Niederlage in der ersten Runde und schon stehen Sie mit dem Rücken zur Wand. Manchmal ist das nicht vermeidbar, aber wegen eines schlechten Zeitmanagements in diese Situation zu geraten, ist einfach zu schade. Es macht absolut Sinn, sich in aller Ruhe mit der Lage vor Ort vertraut zu machen, selbst wenn man die Location schon kennt. Schließlich ist man auch nicht jeden Tag in derselben Tagesform und braucht manchmal eben ein paar Darts mehr, um den Dreh rauszuhaben. Da ist es besser, im Zweifelsfall noch ein paar Minuten Reserve für einen Kaffee (oder was immer Sie bevorzugen) zu haben, als hektisch und desorientiert durch die Spielstätte zu hetzen und sein erstes Spiel direkt "kalt" bestreiten zu müssen.

Niemals aufgeben!

Lassen Sie sich nie einreden, es mangele Ihnen an Talent und reden Sie sich das vor allem nicht selbst ein. Aller Anfang ist schwer, das ist normal. Genauso kleinere Krisen zwischendurch. Manche Spieler erleben irgendwann regelrechte Leistungsschübe, mit denen niemand gerechnet hat. Aber natürlich nur dann, wenn sie nicht vorher aufgegeben haben. Es kommt halt nur nicht immer alles auf Bestellung. In unserer Zeit, in der man rund um die Uhr alles übers Internet bestellen kann, muss das schon mal gesagt werden. Am Ball bleiben lautet das Motto. Das gilt auch für einzelne Spiele. Egal, wie weit ein Gegner wegzieht, wenn er später Probleme beim Checken bekommt – und das passiert den besten Spielern mal – dann ärgern Sie sich, wenn Sie zu früh aufgegeben haben. Machen Sie einfach das Beste aus jedem einzelnen Wurf. Was am Ende dabei herauskommt, sehen Sie schon früh genug.

Keine Angst vor starken Gegnern!
Wenn Sie einen scheinbar übermächtigen Gegner bekommen, freuen Sie sich, anstatt sich zu ärgern und das Spiel von vornherein innerlich aufzugeben. Denken Sie daran: Nur im Spiel gegen stärkere Gegner können Sie lernen und sich verbessern, Sie müssen diese Herausforderung nur annehmen. Jede Fußballmannschaft in einem Pokalwettbewerb freut sich auf einen möglichst großen Gegner, denn hier gibt es Ruhm und Ehre zu ernten! Irgendwann müssen und werden Sie auch die starken Spieler besiegen, dann können Sie auch gleich hier und jetzt damit anfangen.

Machen Sie es sich einfach!
Denken Sie nicht an mögliche Fehler oder den schlimmsten möglichen Fall! Wenn Sie beispielsweise die Double-8 benötigen, denken Sie nicht daran, wie blöd es wäre, ausgerechnet jetzt die Double-16 zu treffen, sonst passiert nämlich genau das. Gehen Sie auf Ihr Ziel und glauben Sie an sich. Wenn Ihr Gegner Sie nervt, ignorieren Sie ihn. Blenden Sie einfach alles aus, was Sie stört und spielen Sie einfach Ihr Spiel für sich alleine. In Turnieren überlegen Sie nicht, wie viele starke Gegner da sind, sondern nur, wie viele Spiele Sie gewinnen müssen, um ins Finale der Gewinnerseite einzuziehen. Bei 16 Teilnehmern sind das im K.O.-System nur drei Spiele, bei 32 Teilnehmern nur vier und schon stehen Sie auf dem sprichtwörtlichen Treppchen. Das ist im

Grunde nicht sehr viel – das können Sie schaffen! Dart ist ein einfaches Spiel, machen Sie es sich nicht selbst kompliziert.

Und vergessen Sie nie: Darten ist Kopfsache. Die oben genannten Tipps sollen Ihnen helfen, den Kopf immer frei zu haben, denn so läuft es am besten.

Ich drücke Ihnen ganz fest die Daumen für Ihren Start und wünsche Ihnen allzeit

"Good Darts"!

Danksagung

Mein besonderer Dank gilt Peter Ruffing für seine freundliche Unterstützung!

Herzlichen Dank, Peter!

Dartbegriffe

9-Darter	501-Spiel, das mit nur neun Darts beendet wird
Ally Pally	Alexandra Palace in London, u. a. Austragungsort der PDC-WM
Aufnahme	Wurfrunde eines Spielers
Average	Trefferergebnis eines Spielers pro Aufnahme/Runde berechnet
Barrel	Hauptteil des Dartpfeils, Hauptgewicht und Griffstück
BDO	zweitpopulärster internationaler Dartverband
Best Lady	Auszeichnung für die bestplazierte Dame in einem gemischten Turnier
B.o.3/B.o.5 etc.	Best of 3, Best of 5 etc.
Board	Dartboard, Dartscheibe
Bouncer	von der Scheibe abprallender Dartpfeil

Break	Gewinn eines Legs durch den Spieler, der nicht die erste Aufnahme im Leg hatte
Bull	äußerer Ring des Feldes in der Boardmitte
bullen	auf Bull werfen, z. B. um zu ermitteln, wer das Spiel beginnen darf
Bust	überworfen
Check (Out)	Wurf, der ein X01-Spiel beendet
Checkbereich	Punktzahl, ab der mit einer Aufnahme gecheckt werden kann
Dartitis	Problematik, bei der ein Spieler unfähig ist, seinen Dartpfeil beim Wurf loszulassen
Doppel-K.O./DKO	Turnier-Modus mit Gewinner- und Verliererrunde
Double	doppelt zählendes Feld (äußerer Ring oder Double-Bull)
Double Bull/Bullseye	innerer Ring des Feldes in der Boardmitte

Double Out	Checkregel, nach der das Spiel nur mit einem doppelt zählenden Feld ausgemacht werden darf
Einlaufmusik	Musik, die (ähnlich wie beim Boxen) eingespielt wird, wenn ein Spieler die Bühne betritt
Finish	checkbare Restpunktzahl
First to "X"	Regel zum Match-Gewinn, z. B. First to 10 = Erster Spieler, der 10 Legs gewinnt, gewinnt das Match
fischen	Punkte auf einem Feld erzielen, auf das man nicht gezielt hat
Flight	hinterer Teil des Dartpfeils
Gewinner-/Verliererseite	die zwei Seiten des Turnierplans bei Turnieren im Doppel-K.O.-System
Good Darts!	Viel Glück! / Viel Erfolg!
Handicapspiel	Spiel, bei dem ein Spieler mit Vorsprung startet
Hausfrauenseite	ironische Bezeichnung für die linke Seite des Dartboards
klingeln	ein hohes Dreifachfeld treffen

Lakritze	ironische Bezeichnung für den schwarzen Rand, der die Scheibe umgibt (beim E-Dart)
Leg	einzelnes Spiel innerhalb eines Matches
Mad House	anderer Begriff für Doppel-1
Master Out	Checkregel, nach der das Spiel nur mit einem doppelt oder dreifach zählenden Feld ausgemacht werden darf
Oche	Abwurfleiste beim Steeldart, entsprechend der Abwurflinie beim E-Dart
PDC	populärster internationaler Dartverband
PPD	Punkte pro Dart, Trefferergebnis eines Spielers auf den Durchschnitt pro Dart berechnet
Round Robin	Turniermodus jeder gegen jeden
Scoreboard	Tafel oder Whiteboard, an der/dem der Punktestand aufgeschrieben wird (beim Steeldart)

Set	Satz innerhalb eines Matches
Shaft/Schaft	Mittelteil des Dartpfeils zwischen Barrel und Flight
Shanghai	Einfach-, Doppel- und Dreifach-Treffer innerhalb einer Aufnahme, mit dem das gleichnamige Spiel gewonnen wird
Shanghai-Finish	120 Punkte Rest bei X01-Spielen
Single	einfach zählendes Feld
Single Out	Checkregel, nach der das Spiel mit einem einfach zählenden Feld ausgemacht werden darf
steady	drei gleiche Würfe innerhalb derselben Aufnahme (z. B. 3 x Single-20)
stellen	Wurf, um eine bestimmte Restpunktzahl für das Checken zu erreichen
Sudden Death	Entscheidungsspiel, wenn die maximale Anzahl von Spielen erreicht ist

Teamgame	Spiel mit zwei oder mehr Spielern, die als Team zusammenspielen
Tip/Point	Spitze des Dartpfeils, Soft-Tip = Kunststoffspitze, Steel-Tip = Metallspitze
Tonne/Ton	Aufnahme von 100 oder mehr Punkten
Tops	anderer Begriff für Doppel-20
Triple	dreifach zählendes Feld (innerer Ring)
Tungsten	Wolfram
two clear legs	Regel, nach der ein Satz oder Match mit zwei Legs Vorsprung gewonnen werden muss
Whitewash	Ergebnis, bei dem ein Spieler seinen Gegner ohne Spielverlust, also "zu Null" besiegt

Begleitend zu diesem Titel erschienen:

*Das "Starten mit Darten" Trainingstagebuch
mit Tabellen und Diagrammen zum selbst eintragen*

Die Trainingshilfe für das Darttraining zu Hause

Notizen